国学经典读本

陈 成／译注

山海经

上海古籍出版社

上

目　录

前　言

　　《山海经》是中国流传久远的一部古书,它用简单的语言介绍了许多山川、国度和神怪。它的"年龄"是个谜,它的作者也是个谜,它的内容让后世的读者似懂非懂,但又有着很强的可比附性和不确定性。

　　这些特点使得这本书在浩如烟海的古籍中有着非常独特的个性,它同时展现着真实和荒诞两种色彩,以至于后人既不想把它看成《博物志》、《搜神记》这样的志怪小说,又很难像史乘方志一样一一落实其具体内容,所以这本自古流传的名书在晋人郭璞作注之后直到明清才有人重新收拾,然而,对这本书的解读至今仍然头绪纷繁,莫衷一是。或许,这种情形还将持续到永远。

一、《山海经》的基本情况

　　今传《山海经》一书共十八卷,前五卷分别是《南山经》、《西山经》、《北山经》、《东山经》和《中山经》,也合称《五臧(藏)山经》。每经又分若干组,比如《南山经》的第一组就叫《南山经》,第二组叫《南次二经》,依此类推,最多的

《中山经》到《中次十二经》。

每一组的内容也大致统一，都是介绍各自所属的一组山的相对位置、相关河流和物产。每组的最后一段是该组的小计和有关山神祭礼的简介。

《山海经》的后十三卷和《五藏山经》相对，也称《海经》。与《五藏山经》相比，《海经》在行文格式和内容上都有很大不同，所描述的对象不再有各自的相对位置，出现了大量奇怪的"国"，物产、水道的记载也代之以大量的神话传说，最重要的是《五藏山经》基本上能顺理成章地读下来，而《海经》却东一句、西一句，甚至有些章节本身就不知所云。

这是因为《山海经》本身就是汉朝的刘向、刘歆父子编辑起来的。刘向（前77—前6），字子政，经学家、目录学家。刘歆（？—23）字子骏，汉哀帝建平元年因避哀帝讳改名秀，字颖叔，古文经学派创始者，目录学家。刘氏父子一起总校群书，著有《七略》等书。当时刘氏收集的《山海经》原有32篇，最后定为18篇，于建平元年（前5）四月进呈。刘氏校《山海经》时，作了一些文字增删。如《山海经》原无篇名，"南山经"、"大荒东经"等篇名均系刘氏所加。这样，后来的人们所看到的《山海经》的底本就都是"刘本"了。

而在刘向之前，淮南王刘安的《淮南子》中有许多文字和今本《山海经》大致相同，司马迁也曾提到过《山海经》的书名，这就意味着《山海经》一书汉朝以前就有了，但未必全然等同于我们今天所见的《山海经》。没有人知道刘向面对一大批缣帛竹简到底做了一番什么样的取舍编排，但刘向肯定使《山海经》一书在名和实之间发生了一番变化，而在刘向之后，郭璞又整理为18卷，《山海经》便是我们今天所见的样子了。

　　然而如果假想一下刘向的工作流程，大致可以得出一个符合常理的推断：当时的"图书馆"里确有《山海经》这么一种书，或许还有不同的版本，但都已经断烂损坏了，刘向该做的工作是把它们整合起来，使之重新成为一部可读的书。那么，最先收入的肯定是原件损坏最小、最为可信的部分，以此为框架，再根据情况把有疑惑的内容补充进去。从今天看到的《山海经》倒推，估计刘向所见的《五臧山经》是当时保存最为完好的，而《海经》部分可能比较零乱，前后次序已经无从判断，文字缺损也较为严重了。刘向自己上表说把32篇的素材压缩成了18篇，仅这个压缩率就能说明当时他面对的是如何错乱的原始资料了，而且这些资料中也可能有许多不知属于哪本书的"散件"，内容上与《山海经》比较接近，也一并收入了。由此，对《山海经》，尤其是《大荒经》、《海内经》部分混乱到被郝懿行说成"诸文重复杂沓，踳驳不伦"也就不难理解了。到了最后的《海内经》几乎就是一篇附录，大概是他们舍不得丢弃又不知道归在哪里合适的一部分素材吧。

　　另外，《山海经》一书原本是带图的。宋人朱熹《记山海经》一文中说："予尝读《山海》诸篇，记诸异物飞走之类，多云东向，或云东首，皆为一定而不易之形，疑本依图画而为之，非实纪载此处有此物也。古人有图画之学，如《九歌》、《天问》皆其类。"从今天所见的《山海经》原文以及郭璞注，我们仍能看到关于"图"的信息。如：

　　　　讙头国在其南，其为人人面有翼，鸟喙，方捕鱼。

　　这里"方捕鱼"中的"方"字可以说明，这决不是对一种奇异人种的客观介绍，而是对一个画面的描述。类似的例子还有很多，主要在《海经》部分。然而这个"图"究竟是什么图呢？最流行的一种传言是说这图就是著名的九鼎图。传说大禹治水之后，九州的百姓将采集到的金属作为贡品，献给了禹。禹将这些金属铸造成鼎，刻有山川、万物、奇兽等形状，后人就将这铸在鼎上的图称为"九鼎图"。《左传·宣公三年》说："贡金九牧，铸鼎象物，百物而为之备，使民知神奸。故民入川泽山林，不逢不若，魑魅罔两，莫能逢之。"说的就是这个鼎。但是，鼎也没有传下来，图也没有传下来，对于图，后代的学者只能猜想。清代毕沅又认为《海经》有"古图"和"汉所传图"，似乎汉代又有人根据最原始的图像重新绘制过，但图上画了些什么、有多少、刘向是否看见过图、看见过多少，一切都不得而知。

后来的事情稍微清楚一点了，至少根据记载，南北朝的张僧繇曾经画过"山海经图"，是原创还是加工还是复制，不得而知，因为这些图也已经失传。这些图和所谓的"古图"以及晋代的郭璞所提到的图是什么关系，同样不得而知。

再后来，到了明清时期一下子出现了许多种《山海经》图，其中是否有作者真的见过张僧繇图甚至更早的图，也不得而知，只是这些图至今大多还能见到。

当然，图越是晚出，必然和存世的《山海经》的文字描述越接近、越吻合，因为其生成过程本身就是"据文作图"了。而在《山海经》和"山海经图"之间还有一个中间产品，那就是郭璞的《山海经图赞》——为《山海经》中部分事物创作的四字韵语。从其名称来判断，是根据"图"作的"赞"；从其内容来看，和今本《山海经》又基本配套。所以，至少在郭璞的年代肯定有图，而《山海经》的正文也必然和"图"有着不解之缘，后人只见文字不见图,有些文字读不通、读不懂也自然在所难免。

二、历代《山海经》研究

郭璞(276-324),字景纯,晋朝的著名学者,除了《山海经》,他还注过《周易》、《尔雅》等书,史书上记载的郭璞也是一个会算命、会看风水的奇怪人物,至少从他的注来看他是一个博物学家,他注《山海经》更热衷于各种奇怪的动植物和神灵,对于其中的地理山川则说得相对较少。但他的注是《山海经》注中早期唯一的版本,所以历来各种版本的《山海经》多把他的注一起收入,尽管有些注解很可疑,却仍可以提供不少有益的阅读帮助。

郭璞之后,不再有人专门为《山海经》作注,但如郦道元作《水经注》,大量利用《山海经》资料的情况还时有发生。

到了明朝,有了王崇庆的《山海经释义》和杨慎的《山海经补注》,王书只是在郭璞注的基础上偶尔加上几句点评,与其说是《山海经》的注解,不如说是王崇庆个人随手附录的一些读后感;而杨慎的《补注》也是凌乱拉杂,凭空立说,且只有一卷。可以说明朝人对《山海经》一书基本上没有作出什么实际的贡献,但至少开始有人正式关注它了。

清朝的吴任臣是郭璞之后正式对《山海经》做全面整理的第一人,他的《山海经广注》不仅收录了许多资料来证明相关问题,而且比较全面地对历代流传的原文进行了校正。对今人来说,如果说郭璞注本还很难使人通读《山海经》,那么《山海经广注》就使得这本书基本上可读了。然而吴任臣所做的是带有开创性的工作，经验上难免有所欠缺，引书过于杂乱，难免以讹传讹，对于书中的地理成分又没有花很大的力气，相比后来一些学者的专精成果在深度上还有距离。此后汪绂的《山海经存》、毕沅的《山海经新校正》、郝懿行的《山海经笺疏》用同样的方式对《山海经》作了进一步整理，但他们作为乾嘉时期的著名学者，在深度和力度上比吴任臣有了很大的提高，可以说是迄今为止用传统方式整理《山海经》的巅峰成果，今天流传最广的高质量《山海经》注本正是《山海经笺疏》。

清朝末年，一些学者开始着眼于《山海经》中的地理和物产方面的内涵，企望以一种求实的精神给《山海经》这部古老的著作以完美的诠释。首先是同治、光绪年间吕调阳著《五藏山经传》（又有《海内经附传》注释海内四经，较简略），用传统注经的方式给《五藏山经》中提到的每一处山川在现实地图上加以对应。吕调阳精通地理，又对文字训诂深有研究，所以他本着《五藏山经》是地理著作的信念，根据当时的地图，折换了《山海经》中的"里"和后来的"里"的比例，把《山海经》和现实中的地名一一按合，同时结合书中的山名和现实的地名，用文字训诂学的知识给出一个合理的关联。诚然，古书流传中的舛讹颇多，不仅有字词上的误传、段落编次上的错乱，还有后人的人为窜乱。因此吕调阳这样一种做法在一些具体问题上难免会给人牵强附会的感觉，但总的来说他的思考和诠释是全面的、自圆其说的。稍后的学者吴承志又作《山海经地理今释》，这部著作的大体思路和《五藏山经传》差不多，但相比之下在地理学的考据上更见功夫，而在与《山海经》原文的空间对应上有所减弱，因此两部著作在地名的具体所指上是有所出入的。有些历来范围比较明确的地名在实际空间距离上出入较小，可能所指就是毗邻的两座山，但也有出入较大的，尤其是一些吕调阳对原书次序进行过调整的条目。此外，吴承志的著作中《南山经》和《中山经》部分已经失传，但相比《五藏山经传》，它对《海经》部分中的地理问题也有详说，两书正可互相参照。

清代之后，学者们对《山海经》的研究也并没有停止，顾颉刚、谭其骧是对《山海经》用力最勤的两位著名学者。袁珂的《山海经校注》、徐显之的《山海经探源》在传统思路下对历代《山海经》研究做了整理和发挥，同时，随着时代的发展，学术上的许多框框被打破，对于《山海经》这样的"怪书"，学者们的思路可以更开放。二十世纪五十年代，四川大学教授蒙文通撰写论文《略论〈山海经〉的写作时代及产生地域》，提出《山海经》是巴蜀国的作品，从而将《山海经》的所指范围缩小了。到了近二三十年，一批新型学者又把《山海经》的内容和《圣经》及世界各地的神话传说、考古发现相比附，引入了三星堆、美洲文化等内容，使得《山海经》的研究又出现了一个更奇怪的路数，他们更注重的是对神话内容的社会学解读，而且视野被很大程度放大了，其代表作有宫玉海的《山海经与世界文化之谜》、胡太玉的《破译山海经》等。王红旗的"重构"学说也在其中扮演着很重要的角色，他与夫人孙晓琴合作制作了高540厘米、长780厘米的《山海经五藏山经艺术地理复原全景图》，也产生了不小的影响。

三、解读《山海经》的困难

如上所说，《山海经》一书的解读已经有大量的前人为之付出努力，然而，真的要归纳为一个浅显易懂的注本却殊非易事。近来有一种比较流行的说法，认为要读懂《山海经》很容易，其实，里面只是有一些不常用的字罢了。这样的说法未免失之浅薄。古书解读的难易绝非仅仅体现在古今用词和语法的差异，这只是很小一部分，对于读者来说，并非知道每个词和今天词汇的对应就算读懂了。我们常说《尚书》难读，但要做一个基本清理却并不困难，开篇"曰若稽古"四个字足以让今天的人们莫名其妙，要说明它"是什么"却很简单，就是那时候的常用语，相当于我们说的"据说"、"据记载"。要想说明"为什么是这样"也可以，就这四个字，前人的考证可谓连篇累牍，字形、字音、通假，旁征博引，不一而足。回过来看《山海经》就全然不同了。

> 其首曰招摇之山，临于西海之上，多桂，多金玉。

除了"招摇"是专有名词之外，其余的对今人来说没有什么不理解，于是也就不存在"是什么"的问题，就更没有"为什么"了。唯一存在问题的专有名词又没有"为什么"可言——我们其他的古籍中不再有关于"招摇之山"的更多信息了。

可见，《山海经》和其他古籍最大的不同在于，它是说明性体裁为主，而其内容相对独立，寻求旁证的空间不大，这就构成了注译工作的困难。但困难不仅在此，大量的专有名词总还需要解释的，但如何准确地传达为今天的语言，问题不小。

> 《海内北经》："大鲋居海中。"郭璞注："鲋即鲂也。"

　　这句话是一个孤立的段落，唯一值得加以解说的是"鲂"字。看起来郭璞已经帮助我们做好了，做得也很到位——鲂，今天也有这种鱼，属鲤科。然而，再追究下去问题就来了：《尔雅·释鱼》说鲂即鳊。郭注："江东呼鲂鱼为鳊，一名鳙。"而同一书中又曰"鳙大鳠"，邢昺疏："鳠之大者别名鳙。"鳙、鳠是今天说的鲇科动物长吻鮠！再去看一下《说文》："鲂，赤尾鱼也。"今天的鲂和长吻鮠都不是红尾巴——《说文》说的是第三种鱼。因此，把"鳊即鲂也"的话拿出来搪塞不解决根本问题。类似的情形在《山海经》中可谓比比皆是，而这还只是说一些实在的、今天尚能得见的名物，那些充满神话色彩的事物更是众说纷纭。《山海经》哪里是那么容易读的？

　　前人能给出唯一解释的还算有所依据，有些前人就各执一词，那今天就更无从取舍了。

　　《北次三经》有"可以已寓"。

　　　　郭璞曰："未详；或曰，寓犹误也。"郝懿行曰："寓、误盖以声近为义，疑昏忘之病也。王引之曰：'案，寓当是"瘑"字之假借，《玉篇》、《广韵》并音牛具切，疣病也。'"

　　对于这个"寓"，从上下文判断，当是一种病的名称。什么病呢？郭璞说不知道，也可能是"误"。郝懿行没看懂，进一步猜想郭璞说的"误"是"昏忘之病"，也就是健忘症。王引之又从文字通假的角度猜想这个"寓"是疣。一个字，三种判断，然而我们今天没有能力去做选择，因为不知道这种所谓"可以已寓"的鸟到底是什么。一个词有三个或更多解释的不多见，但有两个的很多，而往往又都是无从取舍的，那么，凭什么说我们读懂了呢？

就算是前人只有一解的说法，也并非全都令人接受。《海内北经》有"舜妻登比氏生宵明、烛光，处河大泽"，郭璞注曰：

> 泽，河边溢漫处。

郭璞在这里把"泽"字理解成为河滩的意思，"泽"的固有词义没有这一项，尽管郭的注解和"沼泽"的意思差不多。估计郭璞可能是因为要强调这个"大泽"不是专有名词才出了这么个注，我们只知道很难再找一个其他书中的例子来证明"泽"可以表示河滩的意思，而不知道说郭璞说错了（这里的"大泽"确是专用地名）还是《山海经》的确这么使用"泽"字还是原文有什么脱误。这样的例子在《山海经》也有不少，又怎能说这书很容易读呢？

如此看来，《山海经》其书大致文法并非古奥，基本上是由简单判断句堆积而成，这些没什么可注；而具体的地名、物名、神名又多不知所指，属于无法作注。因此，素爱作注的传统学者自郭璞而下直到吴任臣之前竟无人问津，说此书荒诞不经，不值一注，恐怕既是托辞，也是苦衷。

四、几点说明

1. 关于"经"字

袁珂先生力主《山海经》的"经"不是经典的经，而是经历的经。其理由是古代以"经"称书是比较晚的事情，而早在《尚书》中就有解释为"经历"的"经"。在《山海经》书中又有四条内证：

一、古山经于每篇末尾，但云"右西经之山，凡若干山、若干里"，或"东经之山，凡若干山、若干里"，所谓"西经"、"东经"者，决当是"经历"之义而非"经典"之义，本甚明白。

二、"南山经之首曰䧅山"，《文选》头陀寺碑文注引此无"经"字。"南山经之首"云云，非著书人应有之语而系尊经者之语，文亦扞格难通。若"南山之首"则明白晓畅而立言得体矣。改"山"为"经"，自当是刘秀校录此书时所为。亦有改而未尽者，如"中次一十一山经"，于刘秀体例本当作"中次一十一经"，此"山"字即系删改而未尽者。

三、山经末有"禹曰：天下名山经，五千三百七十山，六万四千五十六里，居地也"云云，刘昭注《后汉书·郡国志》引此经则作"名山五千三百五十，经六万四千五十六里"，"经"为"经历"之"经"，其义尚显，迨移上成为"名山经"，"经典"之义遂著而"经历"之义则晦矣。

四、"海外南经"、"海外西经"等原来篇首标题，亦均仅作"海外自西南陬至东南陬者"、"海外自西南陬至西北陬者"……云"自某所至某所"，犹均是"经历"之义，迨校录者题以"海外南经"、"海外西经"等字样，"经历"之义始晦而"经典"之义著矣。

就这些证据来看，不得不说有一些问题。

首先，《五藏山经》的文字结构都是互相呼应的，以"首"为单位。

> 南山经之首曰䧿山……凡䧿山之首，自招摇之山，以至箕尾之山，凡十山，二千九百五十里。
>
> 西山经华山之首，曰钱来之山……凡西经之首，自钱来之山至于騩山，凡十九山，二千九百五十七里。

南山的第一个"首"叫䧿山，包括招摇之山以下十座山，西山经的第一个"首"叫华山，包括钱来之山以下十九座山，这里并没有袁珂先生所说的"西经之山"、"东经之山"字样，有的只是某山之首或某经之首，这对证明"经"字的含义并没有多大帮助，何况单从词法上说，即便是"东经之山"，视为"东面经过之山"固然可通，看成"《东经》记录的山"也未尝不通。

第二条内证所谓"尊经者之语"则说明袁先生本来就认为说《山海经》是"经"而给了它一个很高的地位，这是一个隐含的错误概念。为之命名的古人即便以这个"经"字为《诗经》《礼经》的"经"，也断不会认为这本书就有了六艺的崇高地位，因为《山海经》和《水经》从来没有被划入"经部"，也不是经师研究的对象。当然，这个"南山经之首"的确可能有传抄的脱讹，但问题不是在"经"。对比一下其他四山的开始（南山、西山见上引）：

> 北山经之首，曰单狐之山。
>
> 东山经之首，曰樕𧌓之山。

中山经薄山之首，曰甘枣之山。

可以看到，中山、西山是一个类型，专有一个"首"名，名薄山，名华山。东山、北山没有特定的"首"名，于是径直从第一座山橄蕞之山、单狐之山开始说了。南山有"誰山"的"首"名，应该跟中山、西山一样，说"南山经誰山之首曰招摇之山"才对，而它的前半截不知道为什么跟着东山、北山的样子变成了"南山经之首曰誰山"，又画蛇添足地来了"其首曰"三个字，以致文理不通。至于《文选注》所引的全文是"《山海经》曰，南山之首山曰誰山"，就是说李善对"首"字的理解也只是"第一"，这个引文分明不是严格按照原文抄录的，所以不能以此证明《山海经》这句本无"经"字。而刘秀改书之说更是历来证伪中的臆测，并无实据。"中次一十一山经"在今天所见的《山海经》本来就是个特例（下面就是"中次十二经"，表述格式完全不同），如果没有其他根据，任何特例视作"删改未尽"还不如视作偶然脱误。

第三条内证原是一个句读问题。"禹曰：天下名山经，五千三百七十山，六万四千五十六里，居地也。"这句话本来就似通非通，但可以肯定的是"天下名山经"连读是必定不对的，读成"天下名山，经五千三百七十山"只不过稍微好一点，仍然有些别扭。然而这句话里的"经"是经过的意思，何以就能说明书名中的"经"也必然和它一样呢？

第四条是说后人擅自加上了"海内某经"、"海外某经"的标题，这本身就是一个猜测。因为书的内容是跟地理方位有关的，概括某个章节的内容当然要说"从某处到某处"，并非在强调这个"到"一定是作者亲到的意思。且这和原本有没有"海内某经"、"海外某经"的标题并没有多大关系,和别处"经"字的意义更是风马牛不相及。

由此看来,这些内证既然不牢靠,其他旁证也就不足支撑了,袁珂先生花了大量笔墨证明的"经书"之说晚出也只能说明经学上的事情,而《山海经》纵然名叫"经"也不是五经、七经、十三经的类属,在古文献中能找到解释为经历、经过的"经"也不足为奇。关键问题是假如我们还承认《山海经》是这书的名字,那就必须先从书名的角度来看问题。既然对这个"经"的准确含义没有足够的证据来诠释,那么只能看猜测的合理性了。如果解释为"经历",《山海经》就成了这样一个书名:"关于山和海的经历"或"我所经历的山和海"。这显然是一个非常欧化的书名,应该是当代小说或外国作品,中国的书籍又几曾有过如此怪异的名字呢?无论是带"经"字的书名或不带"经"而有着类似构词法的例证恐怕都很难找,反而另一部古书《水经》倒很能说明这个"经"恰恰不能作"经历"讲。

退而言之,就算说这个"经"字确实是经历的意思,在千百年的语言积淀中人们早已习惯于说《山海经》这个"经"如何如何,现在要一下子说这么说是不对的又如何能尽改呢?而除了去改变这个习惯的说法,把这个"经"字确定为经历的经又有什么更多意义呢?

2. 关于"首"字

上面涉及到了一个"首"字,历代注解《山海经》的学者都忽视了这个字,想当然地认为就是开始的意思。这个字和"经"字不同,"经"字不牵涉到实际名物的多少和异同,"南山经之首曰鹊山",有没有"经"字,山还是一座,名字还是鹊山。但是"首"字就不同了:

西山经华山之首，曰钱来之山……凡西经之首，自钱来之山至于騩山，凡十九山，二千九百五十七里。

中山经薄山之首，曰甘枣之山……凡薄山之首，自甘枣之山至于鼓镫之山，凡十五山，六千六百七十里。

中次二经济山之首，曰辉诸之山……凡济山之首，自辉诸之山至于蔓渠之山，凡九山，一千六百七十里。

中次三经萯山之首，曰敖岸之山……凡萯山之首，自敖岸之山至于和山，凡五山，四百四十里。

这些例子中的华山、薄山、济山、萯山，从后面的计数来看是不计入山的总数的，而"某某经"和"之首"的中间也不总是有山名的，很凑巧的是全书的开始是这样的：

南山经之首曰䧡山。其首曰招摇之山。

恰恰和以下的情况都不一样，如果按照下文的样子统一，应该是"南山经䧡山之首，曰招摇之山"。但问题是这一组最后的计数是把䧡山算在其内的。所以郝懿行怀疑原文"南山经之首曰䧡山"之下应该另有内容，到了"招摇之山"是另一座山，中间有脱文。《北次三经》也是类似的情况，不过最后的计数是少了一座山。

但是解决了第一组的问题，下面其他组的问题还在：华山、薄山、济山、萯山之类到底是什么？只有汪绂在《山海经存》的卷一，给出了一个很不起眼的解说：

曰䧡山之首自招摇以至箕尾，则是此十山皆䧡山脉也。

这个意思其他注家都没有表述过，含混过去了。但是这一含混就隐含着认同"首"字是常规的"开始"的意思，李善注《文选》就是这么理解的（见前），这样的理解除了在南山经第一句还可勉强说通之外，到后面就都说不通了。因此，汪绂这个解说很重要，但他本人也没有刻意强调。我们现在来看这个"首"，汪所说的"山脉"无非是说釐山和下面的华山、薄山等一样不是一座山的名称，而是一组山的名称。那么，"首"字哪里来的"组"的含义呢？

我们解释"首"字，通常都是解释为头，引申出开始之类的含义，各种字书上都没有作"组"之类的解释，唯有后来说"一首诗"、"一首歌"可以作量词用，这和"组"还是有点远。目前还可以找到一个更为屈曲的解释：《太玄》是扬雄模仿《周易》而写的一本书，《周易》有六十四卦，《太玄》有八十一首；六十四卦各有卦名，八十一首各有首名；六十四卦每卦有六爻且各有爻辞，八十一首每首有九赞且各有赞辞。《太玄》在结构和术语上处处模仿《周易》，而且是刻意模仿，加之扬雄本身就是文字学家，在名目的模仿上，选字总会有某种意义上的关联，把《太玄》各个首名和相对的《周易》卦名作一下比较，这一点是非常清楚的。由此可知，"首"和"卦"也必有字义上的关联，但其详情我们今天已经不清楚了。"卦"和"挂"相通，有悬挂、罗列的意思，旧说和结绳记事有一定的关系，后来才成为占卜术语。或许由此还可以推测"首"字有成组罗列的意思吧。所以我们姑且以"组"来翻译这个"首"字。

3. 关于本书的译注工作

本书的主旨在于给非专业读者一个关于《山海经》的基本解读。

普通读者和专业读者的需求是不一样的，对眼前的译注工作而言,不可或缺的前人成果是郭璞的注和郝懿行的《笺疏》（后者实际上包含了前者所有文本内容）。郭璞对书中大部分需要注解的内容给出了注释,而郝懿行或补充、或订正、或发明,远超出郭注的工作量。我们的注解正以郭、郝二人的成果为基础,其他如杨慎、汪绂、毕沅、俞樾等人的有价值意见适当加入。具体注解的内容和形式包括:

注音:郭用直音,郝用反切,今一律根据当代通行字书的审音加注汉语拼音。

释义:凡属于古汉语和现代汉语的简单对应或通假关系,一律直接注释;比较复杂的描述性注释,一般引用原注,以示对前人的尊重,注语中偶尔有现在不易理解的地方,在引用之后另作简要说明;对前人一些扩展性注释,比如提供相关的传闻逸事或引用其他书中的证据,也尽量保持原状供读者参考。

翻译:翻译的目的不同于释义,更不是要将原文改得可以理解、可以接受——如果原文就不够通顺的话。翻译只是把古代汉语的文本如实对应为现代汉语,所以,只有一部分词汇能够明确在古今汉语中是唯一对应关系的才加以翻译。本书中许多名物很难在翻译时找到一个合理的、唯一的现代语汇来对应,譬如古汉语中表示"猪"这种动物的有豕、彘、豚,三个词在书中交替出现,很难说它们在不同的位置有什么表义上的区别,更不要说区分哪个是家猪、哪个是野猪了。为阅读顺畅,只好勉强都翻译成"猪"。至于更多的东西如杻、橿、鹰、麋之类,本来不是我们今天很熟悉的事物,虽有前人考证它是什么,也只在释义中提出,而译文中还保留原名称。此外,到了《海经》部分,有不少本来就语句不通的原文,吴承志等人从地理学的角度、郝懿行等人用校勘的方法分别作了一些整理,对这些成果我们只在译文实在无法通顺的情况下谨慎采用，否则只在释义部分加以说明。至于既无人考证、又无法读通的原文，在翻译时也只好保留原貌来反映《山海经》一书的真实情状。还有《海经》中的许多"一曰"在处理上难度很大，这些内容可能是刘向等人的校勘成果，现在变成了正文。按道理说，校勘成果应该完全保留原状并加引号，但现在既然成了正文，又不完全知道其内容之间的对应关系，这些内容也只好稍加翻译，原则上尽量少改动原文。

另外，对于《五藏山经》部分中包含的地理学成分，我们比较之后在吕调阳和吴承志之间选取了前者的成果展示给读者。理由是吴承志的著作有散佚，而且当代学者已经给予了足够的关注。同时，吕调阳的成果更具有原创性和严密的逻辑性，加之他的文字学功底深厚，大小问题基本都能做到有理有据，自成体系，相比之下吴承志主要是以罗列旧说为主。因此不仅对吕的相关注语原文保留，还在附录中另制一张表来说明他的《五藏山经传》的诸山排列情况，以便有兴趣的读者对他的成果作深入研究。同时作为附录的还有刘向的《上山海经表》和郭璞注《山海经》时所写的序言，这两篇文字分别是刘向、郭璞整理《山海经》时生成的副产品，随着《山海经》一书的历代抄刻而流传，别处都无收录，更无详细的注解。近人重新整理《山海经》时多将这两篇文字也同时收入，虽说两篇文义大致比较浅显，但其中也有个别字句难以索解，如刘文起首的职官人名、郭文中的谈玄之句，甚至前人多有句读上的讹误。今重新斟酌标点，附在书后，供读者参考。

在名物注释方面主要有动植物和矿物。动植物分为两种情形，一是古今都没有很大异议的，在《山海经》中也是被用来指某种生物的，我们根据需要一般在引用前人说明之后会最终点明是今天分类学上的哪一科生物，以便读者可以按图索骥进一步查询。另一类古人也没有说清楚是什么的，或者本来就是《山海经》描述的奇怪物种，那只好保留前人旧说以供参考了。对于矿物的分析，我们主要采纳近代学者章鸿钊《石雅》中的相关分析比附在各条之下。

此外，还有两方面的内容作了相应的淡化处理。

《五臧山经》每组山的最后都有关于祭祀山神的要求的描述，这在古代的礼制中属于"吉礼"的内容，相关的细节古人讨论得非常详细复杂。然而《山海经》中半神化的祭祀活动和后世史书、礼书上的说法并不完全吻合，《五臧山经》这几十组可以说自成一个小系统，要想深入探讨将会衍生出很大的篇幅，而且今天除了专业研究人员，一般人对此并不像地理方位那样有兴趣。比如"祈"字，只当祈祷的意思也说得通，毕沅将这个字解释为"薶"、"刉"，指用牲畜的血涂抹祭器，说法虽有道理，但复杂且难以证实。《山海经》中类似的关于祭祀的问题大多缺少其他资料的证明，今解说原则上从简不从繁，需要进一步深究的读者可依据原文检索相关资料。

还有一个淡化的就是神话。《山海经》中的神话内容占的比重很大，此书和《楚辞》、《逸周书》、《吕氏春秋》、《淮南子》等许多书的部分内容共同构建了中国古代神话的体系。神话本身就是模糊的、错乱的，不同的书之间如此，一部书中也往往如此。《山海经》中五次说到夸父，彼此之间有一致也有矛盾，每个神话传说纠缠下去都是一个复杂的结果，这不是注释《山海经》的工作能够全盘负责的。神话研究是一个专门的领域，以《山海经》为基点进行神话研究也是一个可行的项目，然而作为注释，只要提供《山海经》说了哪些神话，其内容如何就可以了。因此，在这个方面我们只保留了一些郭璞提供的拓展资料和其他学者一些关系密切的论述，不做更多的延伸。

在上述工作中出现许多重复的注释，为节约篇幅计，对于单字注音和一些简单释义，在第一次出现之后不再重复注释，而对于一些比较复杂的注释或特定的名物在相应位置标注"参见某条某注"。为此，我们将《山海经》全文的段落分别标上了顺序号，《五臧山经》的段落各版本没有什么疑义，《南山经》的第一段为南1-1，第二段为南1-2，依次类推，最后一段总结及祭祀内容不标号，称为"末段"。《海经》部分有些段落各版本划分不一，我们划分时根据内容及汪、毕、郝三家的分段情况略加权衡。

对于一部古书，看它历代的研读情况大致就可以了解其书的基本属性。对《山海经》，历来的读者夹杂着好奇、轻蔑和畏惧，其中心态上的矛盾不一而足，然而，《山海经》还是《山海经》，三万多字的原文还是那个样子，似懂、非懂，有许多问号在其中。因此，我们今天读《山海经》必须清楚：历代的学者也跟我们一样不清楚书中每一样东西的所指到底是后来的什么、哪里，历代的学者跟我们差不多也只能去猜测，我们今天所能看到的历史文献远远无法真正告诉我们《山海经》中每个问题的答案，如果有兴趣，我们可以继续猜下去——尊重前人，并保持自我的独立。

陈　成

二〇〇八年五月

卷一 南山经

南 山 经

【题解】《南山经》其实是"南山一经"或"南山首经"的简称,下面有《南次二经》、《南次三经》。这个标题是刘向校书时为方便阅读而加的,而下面正文中"南山经之首,曰䧿山"、"南次二经之首,曰柜山"等,都是《山海经》原文所有。

对于《五藏山经》部分,我们选择吕调阳的地理空间定位作为参考注解,从理论上说,我们无法逐一证明吕的说法究竟哪些是对的、哪些是错的,但至少他的《五藏山经传》是一部有体系、有逻辑的著作。晚清时的地名和今天或有不同,但县名和大部分山水还是一致的,不难查实。而对于今天的读者来说,在一个茫然不知东西的情况下阅读实在不是很舒服的,能有人略加指点,总不是坏事。至于其是非取舍,读者完全可自行判断。

《五藏山经传》卷一:"此经所志,自今藏地雅鲁藏布江源以东至拉撒诏诸山也。"

南1-1南山经之首,曰䧿山①。其首曰招摇之山②,临于西海③之上,多桂,多金、玉④。有草焉,其状如韭而青华⑤,其名曰祝馀⑥,食之不饥。有木焉,其状如穀⑦而黑理,其华四照,其名曰迷谷,佩之不迷。有兽焉,

狌狌

其状如禺⑧而白耳，伏行人走，其名曰狌狌⑨，食之善走。丽𪊨⑩之水出焉，而西流注于海，其中多育沛⑪，佩之无瘕⑫疾。

【注释】①雠，鹊的古字。雠山，清吕调阳《五藏山经传》卷一："即达穆楚克山，雅鲁藏布所源也。雅鲁藏布即赤水，其源有池斜锐，水自东北流出，会池北一源，象雠仰地张喙之形，故山得名焉。" ②明王崇庆《山海经释义》认为"首曰雠山"和"首曰招摇之山"有矛盾，是一山而二名或两山相并。《山海经》中的某山之首的"首"字有特定含义，王说非，详见前言。同时，《南山经》的开始又是特殊情况，末段的统计是十座山，必须把雠山算进去才够数，所以郝懿行怀疑"雠山"之后有关于雠山情况介绍的文字脱落，也有道理。《五藏山经传》卷一："招摇之山在雠山西五十里，即狼阡喀巴布山也。" ③西海，《五藏山经传》卷一："马品木达赖池，池周二百馀里，即经所云西海也。" ④金、玉，金，古代泛指五金或金属矿石；玉，泛指有光泽的美石。类似的很多词在古今都很常用，但往往所指并非一种具体东西。 ⑤华，同"花"。⑥祝馀，《五藏山经传》卷一："祝馀即贝母，苗似大蒜，青华，根作瓣如贝子，拔之有顷渐堕，如祝者时一俯屈，故名。馀、余古通，古作㒸，既接垂屈也。" ⑦榖，桑科植物，又称构或楮，皮可制桑皮纸。榖、榖（谷）字形相近，毕沅等认为下文多有"榖"字误作"榖"，凡行文明显可见其指树木而又作"榖"者，译文直接译为榖。此树名"迷谷"也可能就是"迷榖"的字讹，但已无从考证。《山海经》中的许多名物都有这个情况。 ⑧禺（yú），兽名，形似狒猴，赤目长尾，古书上称为"果然"，又说这种动物见人则笑，笑而嘴唇上翻遮住面部然后逃跑，后人通常猜测为猿类动物，众说不一。《五藏山经传》卷一："禺，狒狒也。一名蒙颂，一名枭阳。字又作'禺'，象被发蒙戎之状，后人读禺为狒，故不知禺为何物矣。" ⑨狌狌，即猩猩。 ⑩麐（ｊｉ），同麂。丽麐之水，《五藏山经传》卷一："有色梅河二源西北流而合，即丽旨之水。""麐当作'旨'，因'丽'下体讹衍。旨古文作旨，从爪从甘，即'指'字。丽旨者，指胶于饴不得开也。此水形似之。" ⑪育沛，章鸿钊《石雅·珍异》："窃谓育沛即琥珀也。育沛与琥珀音相近。《本草纲目》引宋大明《本草》云：琥珀破结痂，则功用并同。""琥珀率产海岸，而育沛亦见于丽麐注海之处，其产状又同，是育沛即琥珀无疑。" ⑫瘕（ｊｉǎ），病名，古书上说法不一，大致都指腹中结块。《山海经》中凡说到某物可治某病，其病名大多类此，难以坐实，以下病名解说仿此。

【译文】《南山经》之组叫䧿山。䧿山组的第一座山叫招摇山，坐落在西海之滨，山上多有桂树，也多产金、玉。有一种草，形状像韭菜，花是青色的，名叫祝馀，吃了可以使人不饿。有一种树，形状像榖树，有黑色纹理，光华四射，名叫迷谷，做成饰物佩带在身上可以不迷路。有一种兽，形状像禺，耳朵是白色的，用四肢走路，跑起来就像人一样用两条腿，名叫狌狌，吃了它可以跑得快。丽麐之水在这里发源，往西流注入大海，水中多产育沛，佩带在身上可以治疗腹中结块的病。

南1-2 又东三百里①，曰堂庭之山②，多棪③木，多白猿，多水玉④，多黄金⑤。

【注释】①里，毕沅《山海经新校正》卷一："《大戴礼》云，三百步而里。是古里短于今。"《五藏山经传》卷一："此经以周尺百六十六丈六尺为里，今又纵黍尺百八十丈为里，当周尺之二百五十丈，故每三百里得今之二百里也。" ②堂庭之山，《五藏山经传》卷一："在今姜白穆庙之南，有隆列河自西来受，北偏西一水东逐庙南平流百五十里，屈而北少东，注赤水，象堂庭也。" ③棪（yǎn），木名。明方以智怀疑为橄榄，《通雅》卷四十三："《说文》'棪遬其也'笺曰：'与榄同，即楉棪。'则《山海经》堂庭山之棪亦榄邪？郭璞曰：'实似柰，赤，可食。'"然而这一猜想与郭璞注有矛盾，橄榄果既不是红色，也不像柰一样呈圆形。 ④水玉，即水晶。 ⑤黄金，古称金为黄金，银为白金，铜为赤金，然而历来的记载中名实混乱，《石雅·三五》下编举了大量例子证明这一点，并得出结论："黄金，金也，而不必尽为金；白金，银也，而不必尽为银；赤金，铜也，而亦不必尽为铜。"

【译文】再往东三百里，叫堂庭山，山上有很多棪树，有很多白色猿猴，多产水晶和黄金。

南1-3又东三百八十里，曰猿翼之山①，其中多怪兽，水多怪鱼，多白玉，多蝮虫②，多怪蛇，多怪木，不可以上。

蝮虫

【注释】①猿翼之山，《五藏山经传》卷一："临拉穆错锡穆错池，池水象雌猿怀孕之形，故曰猿翼。翼犹翼也。翼从异，古作，同，子未生也。从北，背也，孕者若却手于背也。鸟翼之翼在背若翼也。此池南受二水为猿足，西南二水入其腹，东北一水注其脑，又西北自颔下流出，注赤水，与东北一水如横绳之县，故复号水曰宪翼也。"县，即悬。②虫（huī），毒蛇，也写作虺，不是蟲的简化字。郭璞注："蝮虫，色如绶文，鼻上有针，大者百馀斤，一名反鼻。"绶是古时系官印等物的丝带，有各种颜色，所以"绶文"表示五彩杂色。尽管郭璞的描述在色彩和大小上有较大出入，后人仍多认为就是指蝮蛇。

【译文】再往东三百八十里叫猿翼山，山中有很多怪兽，水里有很多怪鱼。多产白玉，有许多蝮蛇，多怪蛇，多怪树，不可以上去。

南1-4 又东三百七十里，曰杻阳之山①，其阳②多赤金，其阴多白金③。有兽焉，其状如马而白首，其文如虎而赤尾，其音如谣④，其名曰鹿蜀，佩之宜子孙。怪水⑤出焉，而东流注于宪翼之水⑥。其中多玄龟⑦，其状如龟而鸟首虺尾，其名曰旋龟，其音如判⑧木，佩之不聋，可以为底⑨。

【注释】①杻（niǔ）阳之山，《五藏山经传》卷一："杻当作丑，羞也。丑阳之山，今郭拉岭也，以居怪水之阳，故名丑阳。" ②阳，山南水北为阳。又，山北水南为阴。 ③白金，《石雅·三五》："乃《山海经》一书，历详金银铜铁锡，而独不及铅。考之，则其所以名之者亦复有异同焉。如《山海经·南山经》杻阳之山，其阳多赤金，

鹿蜀

其阴多白金。郭璞曰：'赤金，铜；白金，银也。'然如《中山经》玉山，其阳多铜，其阴多赤金。又明铜与赤金有别。《西山经》皋涂之山多银、黄金，槐江之山多黄金、银，大时、数历诸山并云多银，而泾谷之山乃云多白金，则银与白金亦似非一物矣。又如铜之属有赤铜，银之属有赤银，则赤铜与铜异，赤银亦与银异矣。锡则有白锡、有赤锡，锡之属又各不同矣。凡若此者，泥名以求之，去实亦愈远。《荀子·正名篇》云：'散名之加于万物者，则从诸夏之成俗曲期。远方异俗之乡，则因之而为通。'窃谓《山海经》一书率从诸夏成俗与远方异俗之名而称之，凡虫鱼草木鸟兽举莫不然，金石之属殆亦犹是，故不得谓异实者必尽异名，即同实者亦不必尽同名也。不明乎此，则必有诠释失据而莫知其非者矣。"这段话虽没有说明所谓赤金、白金到底是什么，却说明了《山海经》一书中许多看似很平常的名词，未必能用今天的词汇一一加以对应，这可以作为解读《山海经》的原则之一，故详为抄录于此。　④谣，唱歌。　⑤怪水，《五藏山经传》卷一："今佳隆鲁河，出山之西南，东北流会翁楚河。象穿窬，故曰怪。又象淫者，故曰丑。"　⑥宪翼之水，《五藏山经传》卷一以为即上文猿翼之水："宪，县法也，横绳县之也。"　⑦玄龟，大龟。《五藏山经传》卷一："即鹗龟，状如龟，长二三尺，两目在侧，如鸟，其声似鹗。亦似人斧木作声。"　⑧判，剖开。⑨为，治疗。底，同"胝"，手足上的老茧。

旋龟

【译文】再往东三百七十里，叫杻阳山，山的南面多产赤金，山的北面多产白金。山上有一种兽，形状像马，头部白色，身上的斑纹像老虎，尾巴红色，叫声像人唱歌，名字叫鹿蜀，佩带用它皮毛做成的饰物可以多子多孙。怪水在这里发源，向东流汇入宪翼水。水中多大龟，形状像龟，鸟头蛇尾，名字叫旋龟，叫声像剖开木头，佩带用它做成的饰物可以预防耳聋，还可以治疗手足老茧。

南1-5　又东三百里柢山①，多水，无草木②。有鱼焉，其状如牛，陵居③，蛇尾有翼，其羽在鮭④下，其音如留牛⑤，其名曰鲑⑥，冬死而夏生⑦，食之无肿疾。

【注释】①柢（dǐ）山，《五藏山经传》卷一："蓬楚藏布东源所出曰瓜查岭，盖即柢山。柢通觝，水形象兽角也。"　②无草木，《山海经》介绍某地时常用"无"字，均直译作"没有"，但有些"没有"比较费解，如这里说"无草木"，下文甚至有说"无石"的，应该不会指山上没有草木和石头，或是说没有值得特别介绍的草木和石头，读者当自行留意。　③陵，高地。陵居指住在高处。　④鮭（xié），鱼胁，即鱼的肋骨部位。　⑤留牛，俞樾《读山海经》："留牛即犁牛也。留与犁本双声字，例得通。《东山经》'鳙鳙之鱼，

鲑

其状如犁牛'郭注曰'牛似虎文'者，即此经犁牛也。"又《通雅》卷四十六："毛犀即犛牛。《尔雅》言犘牛，《山海经》之牰牛也。西人呼为竹牛。犛或作'犣'。"是以留牛、犁牛、犛牛、犘牛、犣牛、犘牛、竹牛、牰牛等同指一物，即今牦牛，下文又有作旄牛者。　⑥鲑，音山。　⑦冬死夏生，指动物冬眠现象。

【译文】再往东三百里，叫柢山，那里多水，没有草

木。山上有鱼，形状像牛，住在高地，它尾巴像蛇，有翅膀，长在肋下，叫声像牦牛，名字叫鯥，到冬天就休眠，到夏天再苏醒过来，吃它的肉可以不得臃肿病。

南1-6 又东四百里，曰亶①爰之山，多水，无草木，不可以上。有兽焉，其状如狸而有髦②，其名曰类，自为牝牡，食者不妒③。

【注释】①亶（chán）爰之山，《五藏山经传》卷一："拜的城南有牙穆鲁克池，广二百三十馀里，周七八百里，中有三山，

类

一名米纳巴，一名鸦博士，一名桑里。山下溪流甚多，时白时黑，或成五采，池水周绕不流，亦不涸，即亶爰之山也。亶通单，啴呼也。爰，援也，古文作'受'。单、受，所谓不可以上也。"啴，喘息。　②髦，动物颈上的毛发。　③自为牝牡，指雌雄同体，自己和自己交配即可繁衍后代。这里描述的类，和灵猫科动物大灵猫十分相似，但并非雌雄同体。

【译文】再往东四百里，叫亶爰山，那里多水，没有草木，不可以上去。山上有一种兽，形状像狸但颈部有长毛，名字叫类，能自己和自己交配，吃了它的肉可以不妒忌。

南1-7 又东三百里，曰基山①，其阳多玉，其阴多怪木。有兽焉，其状如羊，九尾四耳，其目在背，其名曰猼訑②，佩之不畏。有鸟焉，其状如鸡而三首六目，六足三

翼，其名曰鹗鹖③，食之无卧④。

【注释】①基山，《五藏山经传》卷一："基当作箕。山即努金刚藏山，有水东北会龙前河入赤水，西对林奔城，西南小水形如箕也。"
② 猼訑（bó yí），又写作犦訑，兽名。③鹗鹖（chǎng

猼訑、鹗鹖

fū)，鹖又作䲹（音biē），鸟名。 ④无卧，不睡下，这里指睡眠少的意思。

【译文】再往东三百里，叫基山，山的南面多产玉石，北面有许多怪木。山上有一种兽，形状像羊，有九条尾巴四个耳朵，眼睛长在背上，名字叫做猼訑，佩戴用它皮做的饰物可以使人胆大无畏。又有一种鸟，形状像鸡，三个脑袋六只眼睛，六只脚三个翅膀，名字叫做鹗鹖，吃了它的肉可以不用睡眠。

南1-8 又东三百里，曰青丘之山①，其阳多玉，其阴多青䨼②。有兽焉，其状如狐而九尾，其音如婴儿，能食人，食者不蛊③。有鸟焉，其状如鸠，其音若呵④，名曰灌灌，佩之不惑。英水出焉⑤，南流注于即翼之泽⑥。其中多赤鱬⑦，其状如鱼而人面，其音如鸳鸯，食之不疥⑧。

【注释】①青丘之山，《五藏山经传》卷一："青丘在藏地日喀则城之西南四百馀里，萨布楚河所出之卓尔木山也。萨布水象人跂足窥井,故名青丘。" ②青䨼(hù),亦作"腰"。青碧之类,参见西2-4注②。 ③蛊,病名。俞樾《读山海经》:"蛊乃病名。《内经·玉机真藏论》,脾传之肾病,名曰疝瘕,少腹冤热而痛出白,一名曰蛊。"蛊可指多种病症,如寄生虫、神经错乱,也指南方的毒气或人工培育的毒物,《山海经》多处提到,各处的具体所指均不详。 ④呵,大声呼叫。 ⑤英水,《五藏山经传》卷一:"其南有吉隆布策瓦河,两源合东南流,又环曲而南注朱母拉木池,象孕妇首仰之状,故名英水。英通央,仰枕也。" ⑥即翼之泽,《五藏山经传》卷一:"其东复有一水,二源合南流,亦注于泽,象接内,故曰即翼之泽也。"参见南1-3注⑤。 ⑦鱬(rú),古汉语中的人鱼类动物一般认为是指鲵,也叫鳙,就是俗称娃娃鱼的两栖类动物,以下《西山经》、《中山经》也有述及。而现在说的人鱼通常是指海牛目的哺乳动物儒艮,"儒艮"的称呼是近代从马来语直接音译过来的,和"鱬"同音只是一种巧合,古代的"鱬"也写作"鲕",发音和"鲵"相近,所以这里说的赤鱬更接近于娃娃鱼一类的动物。参见西1-8注⑧。 ⑧疥,疥疮。

【译文】再往东三百里,叫青丘山,山的南面多产玉石,山的北面有许多青䨼。山上有一种兽,形状像狐,有九条尾巴,叫声像婴儿啼哭,能吃人;吃了它的肉可以预防蛊病。山上有一种鸟,形状像鸠,叫声像人大声呼叫,名字叫灌灌,佩戴用它羽毛做成的饰物可以不迷惑。英水在这里发源,向南流注入即翼之泽,其中生有很多赤鱬,形状像鱼,面目像人,叫声像鸳鸯,吃了它的肉不长疥疮。

南1-9 又东三百五十里,曰箕尾之山①,其尾踆②于东海,多沙石。汸水③出焉,而南流注于淯④,其中多白玉。

【注释】①箕尾之山，《五藏山经传》卷一："箕尾，箕山之尾也，山在今拜的城西南。" ②踆，同"蹲"。 ③汸（fāng）水，《五藏山经传》卷一："有龙前河西南流会努金刚山水，北注赤水，其形长方，故名汸。" ④淯，《五藏山经传》卷一："努金刚水形圆，似孕妇腹，故名淯。"

【译文】再往东三百五十里，叫箕尾山，山的尾部坐落在东海中，上面有很多沙石。汸水在这里发源，向南流注入淯水，其中有许多产白玉。

凡䧿山之首，自招摇之山以至箕尾之山，凡十山，二千九百五十里。其神状皆鸟身而龙首，其祠之礼：毛①用一璋玉②瘗③，糈④用稌⑤米，一璧⑥，稻米，白菅⑦为席⑧。

【注释】①毛，指祭祀用的毛物，主要是六牲：马、牛、羊、豕、犬、鸡。下文有"毛用一鸡"、"毛用一犬"等说明用哪一种牲畜。这里没有说明所用牲畜的种类。 ②璋，玉器名，状如半圭。 ③瘗（yì），埋物祭地。 ④糈（xǔ），祭神用的精米。 ⑤稌（tú），粳稻。 ⑥璧，玉器名。扁平、圆形、中心有孔。边阔大于孔径。 ⑦菅，多年生草本植物，禾本科，茎可用于编织。 ⑧席，郝懿行曰："席者，藉以依神。"即降神所用的席子。

【译文】䧿山一组，从招摇山到箕尾山，一共十座山，二千九百五十里。这些山神都长着鸟的身子龙的头，祭祀的礼仪为：毛物要和一块璋玉一起埋，糈米要用粳稻，还要一块璧和稻米，用白菅编织的席子。

南次二经

【题解】《五藏山经传》卷一："此经所志，卫地以东诸山也。"

南2-1南次二经之首，曰柜①山，西临流黄②，北望③诸毗④，东望长右⑤。英水出焉⑥，西南流注于赤水，其中多白玉，多丹粟⑦。有兽焉，其状如豚⑧，有距⑨，其音如狗吠，其名曰狸力，见则其县多土功⑩。有鸟焉，其状如鸱⑪而人手，其音如痹⑫，其名曰鴸⑬，其名自号也⑭，见则其县多放士⑮。

【注释】①柜（jǔ）山，《五藏山经传》卷一："柜山，拉撒诏东北之央噶拉岭也。柜同巨，准器，盛水者也。岭东之噶尔招木伦江形方，似之。" ②流黄，《五藏山经传》卷一："流黄，泽名，即腾格里海。东西长二百八十里，南北广百四十五里，在拉撒西北三百二十里，所谓流黄辛氏之国者也。"

鴸

③望,《山海经》的常用词,一般用于介绍与某山相毗邻的山,比较生动形象,但现代汉语不常用,故均直译作某面是某山。 ④诸毗,《五藏山经传》卷一:"凡群水潴泽曰诸毗……此之诸毗谓喀拉诸池黑水上源也。" ⑤长右,《五藏山经传》卷一据《广韵》改作"长舌","山在今拉里城西噶克布河西北,二源象人口,中有海子长数十里,受东南一水,象长舌也。" ⑥英水,《五藏山经传》卷一:"英水出岭西,今名拔布隆河。" ⑦丹粟,细粒丹砂,主要成分为硫化汞,古代用作颜料,也作药用及提炼汞的原料。 ⑧豚,毕沅曰:"别本'反'作'豚'。"俞樾《读山海经》:"反字乃帀字之误,古文'豕'字也。《说文》作帀,《玉篇》变作'帀',写者不识古文,因误为'反'矣。豕即豚也,故别本作豚。" ⑨距,雄鸡、雉等的腿的后面突出像脚趾的部分。 ⑩土功,指治水、筑城、建造宫殿等工程。见则其县多土功,《山海经》在介绍各种动物时常有这类句式,意思是说某种动物出现预示着在某个范围内将会发生相应的事。范围有"天下"、"国"、"邑"、"县"等,也有不说明范围的;事件多为战争、水火、丰收等。其中"邑"字很难用现代汉语表达,均译作"地方上"。 ⑪鸱(chī),鹞鹰。 ⑫痹(pí),雌鹌鹑。 ⑬鴩(zhū),鸟名。 ⑭其名自号,指有些鸟兽的名字就是根据它们的叫声来的,现在人们熟知的鹧鸪、布谷等,本来就是该鸟叫声的象声词,后来变成了鸟名。下文"其名自詨"、"其鸣自詨"、"其鸣自叫"等同此。 ⑮放士,被放逐的人。

【译文】《南次二经》一组,第一座山叫柜山,西面挨着流黄国,北面是诸毗,东面是长右山。英水在这里发源,向西南流入赤水,其中多产白玉和细粒丹砂。山上有一种兽,形状像猪,脚有距,叫声像狗吠,名字叫狸力,在某地出现预示着那个县会大兴土木。山上有一种鸟，形状像鸱鹰，爪子像人手，叫声像雌鹌鹑，名字叫鴸，是根据它自己的叫声得名的，在某地出现预示着那个县会有被放逐的人。

南2-2东南四百五十里，曰长右之山①，无草木，多水。有兽焉，其状如禺②而四耳，其名长右，其音如吟③，见则郡县大水。

长 右

【注释】①长右之山，参见南2-1注⑤。 ②禺，参见南1-1注⑧。 ③吟，人的呻吟声。

【译文】往东南四百五十里，叫长右山，没有草木，多水。山上有一种兽，形状像禺，有四个耳朵，名叫长右，叫声像人呻吟，在某地出现预示着该郡县将发大水。

南2-3又东三百四十里，曰尧光之山①，其阳多玉，其阴多金。有兽焉，其状如人而彘鬣②，穴居而冬蛰，其名曰猾褢③，其音如斫木，见则县有大繇④。

【注释】①尧光之山，《五藏山经传》卷一："尧光之山在今池州建德县西南，香口河所出也，东北有尧城镇，盖取山为名。"

②彘（zhì），野猪。古称野猪为彘，家猪为豕，但常有混称。又南2-7另有兽名彘。鬣（liè），兽类颈毛。　③裹，"怀"的古字。　④繇（yáo），徭役。

猾褢

【译文】再往东南三百四十里，叫尧光山，山的南面多产玉，北面多产金。山上有一种兽，形状像人而长有野猪的颈毛，住在洞穴里，冬天会蛰伏，它的名叫猾褢，叫声像砍木头，在某地出现预示着那个县里会有大规模的徭役。

南2-4又东三百五十里，曰羽山①，其下多水，其上多雨，无草木，多蝮虫②。

【注释】①羽山，《五藏山经传》卷一："羽山在闽福宁府寿宁县北，俗呼岭头，三水南下合流注海如羽。"　②蝮虫，参见南1-3注②。

【译文】再往东三百五十里，叫羽山，山下有很多水流，山上经常下雨，没有草木，有许多蝮蛇。

南2-5又东三百七十里，曰瞿父之山，无草木，多金玉。

【译文】再往东三百七十里叫瞿父山，山上没有草木，多产金和玉。

南2-6又东四百里，曰句馀之山①，无草木，多金玉。

【注释】①句馀之山，《五藏山经传》卷一："句馀之山，闽

彲

海两矶岸也,在福州罗源县东,其北似句,其南似馀。馀,食已而噍也。"句同勾,即钩;噍同嚼。

【译文】再往东四百里,叫句馀山,山上没有草木,多产金和玉。

南2-7又东五百里,曰浮玉之山①,北望具区②,东望诸毗③。有兽焉,其状如虎而牛尾,其音如吠犬,其名曰彲,是食人。苕水④出于其阴,北流注于具区。其中多紫鱼⑤。

【注释】①浮玉之山,《五藏山经传》卷一:"浮玉,中天目山也。" ②具区,《五藏山经传》卷一:"具区,震泽,《海内东经》谓之雷泽,在吴西,今湖中有大小两雷山也。" ③诸毗,《五藏山经传》卷一:"诸毗,此谓杭之西湖也。"参见南2-1注④。④苕(tiáo)水,《五藏山经传》卷一:"苕溪水北流至吉安县东北分为两,十数里复折而合,又至长兴县东再分复合,形类陵苕之郭,故名。陵苕者,连苕也。"郭,即廓。连苕,木犀科植物,连翘。⑤紫(jì)鱼,郭璞曰:"紫鱼狭薄而长头,大者尺馀,太湖中今饶之,一名刀鱼。"即鲚鱼,鳀科动物。

紫鱼

【译文】再往东五百里,叫浮玉山,北面是具区,东面是诸毗。山上有一种兽,形状像虎,尾巴像牛尾,声音像狗叫,名字叫麑，这种兽会吃人。苕水在山的北面发源，向北注入具区，水中有许多紫鱼。

南2-8又东五百里，曰成山①，四方而三坛②，其上多金玉，其下多青䇺③。閟水④出焉，而南流注于虖⑤勺，其中多黄金。

【注释】①成山，《五藏山经传》卷一："成山，今衢州开化县北之马金岭。" ②坛，土台，用于祭祀的称祭坛。郭璞曰："形如人筑坛相累也。成亦重耳。"意谓此山外形层次分明，犹如人工堆叠而成，"成山"的命名取"重山"或"层山"的意思。 ③青䇺（hù），亦作"䕚"。青碧之类，参见西2-4注②。 ④閟（shì）水，吕调阳校作"闲水"，《五藏山经传》卷一："闲水，金溪水也。闲，厩门也，防马外逸，每启辄阖之义。金溪水南流而东，虖勺自西南反曲流来会之，象闲门，故曰闲。" ⑤虖，音hū。

【译文】再往东五百里叫成山，形状四方，像祭坛一样层层累叠，山上多产金、玉，山下多产青䇺。閟水在这里发源，向南流注入虖勺，水中多产黄金。

南2-9又东五百里，曰会稽之山①，四方，其上多金玉，其下多砆石②。勺水③出焉，而南流注于湨④。

【注释】①会稽之山，郭璞曰："今在会稽郡山阴县南，上有禹冢及井。"《五藏山经传》卷一："会稽，今大盆山，在金华府东阳县东，与今绍兴山阴之会稽相去百数十里。荆浦诸水西流，象会计者舒掌屈指之形。会，算也；稽，屈也。" ②砆（fū）石，郭璞曰："砆，武夫石，似玉。"又写作碔砆石，一说即蜡石。 ③勺水，吕调阳校作"句水"，《五藏山经传》卷一："南有千丈岭，西北发为荆浦溪，又西流会东阳江为婺港，注滂水。岭少西南亦曰大盆山，东北发为大溪，即句水，经天台县城南而南折，注于渭水。"④渭，音洹。

【译文】再往东五百里，叫会稽山，山形四方，山上多产金、玉，山下多产砆石。勺水在这里发源，向南流注入渭。

　　南2-10又东五百里，曰夷山①，无草木，多沙石，渭水②出焉，而南流注于列涂③。

【注释】①夷山，《五藏山经传》卷一："句源之北，当荆浦溪之南岸，是为夷山。有马岭溪水，实渭北源，南流会西源之永安溪而东，象人裸仰，故曰夷。（夷从大，器也；从弓，蛇屈首也。裸仰之形也。）"器，指躯体。　②渭水，《五藏山经传》卷一："又东南会南源之永宁江，总名为渭。渭从昊，犹獌也。犬欲卧眷视地也。诸水合形似之。"　③列涂，《五藏山经传》卷一："又东注海梅嚣南，是为列涂，诸小水比次多涂也。今海口东北有桥，名涂下也。"

【译文】再往东五百里，叫夷山，山上没有草木，有许多沙石，渭水在这里发源，向南流注入列涂。

　　南2-11又东五百里，曰仆勾之山①，其上多金玉，其下多草木，无鸟兽，无水。

【注释】①仆勾之山，《五藏山经传》卷一："山在今将则城年楚河，象勾背而后有丛枝也。"

【译文】再往东五百里，叫仆勾山，山上多产金、玉，山下多草木，没有鸟兽，没有水。

　　南2-12又东五百里，曰咸阴之山①，无草木，无水。

【注释】①咸阴之山，《五藏山经传》卷一："即嵊县西北龙华山，在咸水之阴也。咸水，今双桥溪，西流入浦阳江而北注滂水也。"

【译文】再往东五百里，叫咸阴山，没有草木，没有水。

南2-13 又东四百里，曰洵山①，其阳多金，其阴多玉。有兽焉，其状如羊而无口，不可杀也②，其名曰䍃③。洵水④出焉，而南流注于阏之泽⑤，其中多芘蠃⑥。

【注释】①洵山，《五藏山经传》卷一："洵山，处州宣平县东北俞源山也。" ②不可杀也，郝懿行曰："不可杀，言不能死也。"指杀不死，并非因杀了它会导致严重后果而不可以。③䍃，音huàn。 ④洵水，《五藏山经传》卷一："洵水，瓯江水也，自源西南流至宣平县南合两水，又东南至府治南合两水，又至青田县西北合两水，合处皆成十字，故谓之洵，从旬，十日也。汉阳之洵亦以源处成十字也。" ⑤阏（è）之泽，阏，吕调阳用异体字"閼"，《五藏山经传》卷一："洵水又东南经温州治屈而东北注海，海口有大门、小门二山，前即黄大嶨，嶨之北即玉环山大池，所谓閼泽。閼者，鹖在门中为人所掩迫不得出也。从焉，即'鹖'字，俗讹从鸟。鹖，今谓之画眉鸟也。" ⑥芘蠃，蠃同"螺"。郭璞曰："紫色螺也。"郝懿行曰："郭云紫色螺，即知经文'芘'当为'茈'，字之讹也。古字通以茈

䍃

为紫。《御览》引此经'芘'作'茈'。"参见西4-3注②。

【译文】再往东四百里叫洵山，山的南面多产金，北面多产玉。山上有一种兽，形状像羊但没有嘴，这种兽是杀不死的，名字叫㺊。洵水在这里发源，向南流注入阏泽，水中有许多茈蠃。

南2-14 又东四百里，曰虖勺之山①，其上多梓、枏②，其下多荆、杞③。滂水④出焉，而东流注于海。

【注释】①虖勺之山，《五藏山经传》卷一："虖勺之山，今仙霞岭。虖，虎食兽作声也；勺，爪之也。虖勺之水象之，故山受其名，即今文溪水矣。又名滂水。" ②梓，又名河楸、花楸、水桐，落叶乔木。枏，又写作楠、柟，常绿乔木，产于我国南方，是珍贵的建筑材料。 ③荆杞，荆棘和枸杞，都野生灌木，带钩刺，所以被视为恶木。下文又写作荆芑、荆芭。 ④滂（pāng）水，《五藏山经传》卷一："滂者，大风吹雨旁溅也。"

【译文】再往东四百里，叫虖勺山，山上长有很多梓树和枏树，山下有很多荆棘和枸杞。滂水在这里发源，向东流注入海。

南2-15 又东五百里，曰区吴之山①，无草木，多沙石。鹿水出焉，而南流注于滂水。

【注释】①区吴之山，《五藏山经传》卷一："环歙、休宁、绩溪三县皆区吴，而泽更所出之黄山为之首。"

【译文】再往东五百里，叫区吴山，没有草木，多沙石。鹿水在这里发源，向南流注入滂水。

蛊雕

南2-16 又东五百里，曰鹿吴之山①，上无草木，多金石。泽更之水②出焉，而南流注于滂水。水有兽焉，名曰蛊雕，其状如雕而有角，其音如婴儿之音，是食人。

【注释】①鹿吴之山，《五藏山经传》卷一："西天目山以西南，北与大江分水，西与区吴分水，皆鹿吴也。山在杭州于潜县北，其水曰桐溪，水凡合十一源南注滂水，其形肖鹿。" ②泽更之水，《五藏山经传》卷一："泽更水即徽港。更，木燧也；泽，摩也。水东南至严州淳安县西折向东流六十馀里，至县城南而南折，有武强溪水出其东折处之西南，东流少南，左受二水，环曲而北注之，象执燧仰其掌，故曰泽更。其水又东至府治南，东注滂水也。"

【译文】再往东五百里，叫鹿吴山，山上没有草木，多产金、石。泽更之水在这里发源，向南流注入滂水。水中有兽，名叫蛊雕，形状像雕而有角，叫声像婴儿啼哭的声音，会吃人。

南2-17 东五百里，曰漆吴①之山，无草木，多博石②，无玉。处于东海，望丘山③，其光载出载入④，是惟日次⑤。

【注释】①漆吴，《五藏山经传》卷一："漆吴，尾卷如漆，今镇海东金塘也。" ②博石，郭璞曰："可以为博棋石。"博棋即围棋。 ③丘山，《五藏山经传》卷一："丘山，舟山也。" ④载出载入，郭璞曰："神光之所潜耀。" ⑤日次，太阳落下。杨慎《山海经补注》曰："《山海经》载日月出入之山凡数十所，盖峰峦隐映，壑谷层叠，所见然矣，非必日月出没定在是也。"

【译文】再往东五百里，叫漆吴山，山上没有草木，多产可以做围棋子的石头，不产玉。处于东海，面对丘山，有光忽明忽暗，这是太阳落下的地方。

龙身鸟首神

凡南次二经之首，自柜山至于漆吴之山，凡十七山，七千二百里。其神状皆龙身而鸟首。其祠：毛用一璧瘗，糈用稌。

【译文】《南次二经》一组山，从柜山到漆吴山一共十七座山，七千二百里。这里的山神都是龙身鸟头。祭祀的礼仪为：毛物要和一块璧一起埋，精米要用粳稻。

南次三经

【题解】《五藏山经传》卷一："此经所志,自今九江庐山以东南闽浙诸山也。"

南3-1南次三经之首,曰天虞之山①,其下多水,不可以上。

【注释】①天虞之山,《五藏山经传》卷一:"天虞即庐山,为三天子都之一,东有七十二水,多瀑布,峰磴险峻,人踪罕及,故曰不可以上。"

【译文】《南次三经》一组,第一座山叫天虞山,山下多水,没办法攀登。

南3-2东五百里,曰祷过之山①,其上多金、玉,其下多犀、兕②,多象。有鸟焉,其状如鹧③,而白首、三足、人面,其名曰瞿如,其鸣自号也。泿④水出焉,而南流注于海。其中有虎蛟⑤,其状鱼身而蛇尾,其音如鸳鸯,食者不肿,可以已痔。

【注释】①祷过之山,《五藏山经传》卷一:"祷过之山在达隆宗城东,名必达拉。祷过,水形状稽颡也。"稽颡,古代一种

犀、兕、象

以额触地的跪拜礼。 ②兕（sì），古书上较多见，一般描述是：像牛、一角、皮坚厚，很像犀牛，有的说就是犀牛。见内南-6。 ③鴞（xiāo），郭璞曰："鴞似凫而小，脚近尾。" ④浪（yín）水，《五藏山经传》卷一："达穆楚河也，源自必达拉之西，曰争错池。西南流为堆穆错池，又西北为罗错池。又北而东北注黑水，南流经云南界至缅甸入海，即怒江也。浪读如很，从艮，怒以首触人也，亦象稽颡至地。" ⑤虎蛟，郭璞曰："蛟似蛇，四足，龙属。"一说虎蛟为鲨鱼，也写作"鲛"。

【译文】往东五百里，叫祷过山，山上多产金、玉，山下多犀牛、兕和大象。有一种鸟，形状像鸡，但头是白的，有三只脚，脸和人一样，名字叫瞿如，是根据它自己的叫声得名的。浪水在这里发源，向南流注入大海。水中有虎蛟，身子像鱼，尾

虎蛟

巴像蛇,叫声像鸳鸯,吃了它的肉不会肿,还能治愈痔疮。

南3-3 又东五百里,曰丹穴①之山,其上多金、玉。丹水②出焉,而南流注于渤海③。有鸟焉,其状如鸡,五采而文④,名曰凤皇,首文曰德,翼文曰义,背文曰礼,膺文曰仁,腹文曰信。是鸟也,饮食自然,自歌自舞,见则天下安宁。

【注释】①丹穴,《五藏山经传》卷一:"泛水既入澜沧后,南流百馀里,东岸有地名擦喀巴,即丹穴。" ②丹水,《五藏山经传》卷一:"丹水即擦喀沟所出,西注澜沧者也。" ③渤海,见南3-4注③。 ④文,图案、图形。

【译文】再往东五百里,叫丹穴山,山上多产金、玉。丹水在这里发源,向南流注入渤海。山中有一种鸟,形状像鸡,羽毛五彩而形成图案,头上的图案是"德"字,翅膀上的图案是"义"字,背部的图案是"礼"字,胸部的图案是"仁"字,腹部的图案是"信"字。这种鸟饮食十分自然,经常载歌载舞,它的出现天下就安宁太平。

南3-4 又东五百里,曰发爽①之山,无草木,多水,多白猿。汎水②出焉,而南流注于渤海③。

【注释】①发爽,《五藏山经传》卷一:"匜楚里冈城东北百二十里,有楚克阡两池,象人目,故曰发爽。发爽,犹发视也。" ②汎水,《五藏山经传》卷一:"其水东南流,会西来之匜楚里冈山水,又东南入澜沧江,象游者之状,故曰汎水。" ③渤海,《五藏山经传》卷一:"澜沧又南经云南境,至越南为富良江,入海广南湾,所谓渤海。"

【译文】再往东五百里，叫发爽山，山中没有草木，多水，又有许多白猿。汎水在这里发源，向南流注入渤海。

南3-5 又东四百里，至于旄山之尾①，其南有谷，曰育遗，多怪鸟，凯风②自是出。

【注释】①旄山之尾，《五藏山经传》卷一："河源诸小水象旄形，其山是为旄山。旄山东南历金沙东岸而至里木山之东，当里楚河拆而东流之，北岸是为旄山之尾。" ②凯风，南风。

【译文】再往东四百里就到了旄山的尾端，南面有山谷，名叫育遗，里面有许多怪鸟，南风就是从这里吹出来的。

南3-6 又东四百里，至于非山之首①，其上多金玉，无水，其下多蝮虫②。

【注释】①非山之首，《五藏山经传》卷一："里楚河流至里塘城东南折而南流，与其东之雅龙江相距五六十里，并行而南三百馀里，两川间都无小水，是为非山。非犹违也，背也。非山之首盖在雅龙江西南流折行而南之西。" ②蝮虫，参见南1-3注②。

【译文】再往东四百里，就到了非山的首端，山上多产金、玉，没有水，山下有许多蝮蛇。

南3-7 又东五百里，曰阳夹①之山，无草木，多水。

【注释】①阳夹，《五藏山经传》卷一："阳夹，胁在腹前也。山在打箭炉南六十里，其北三池为泸河源，北流东注大渡河。东南一源为什丹河，亦注大渡河。西南为霸拉河，注雅龙江。自此而南，循山发水左右分注，统号之曰阳夹也。"

【译文】再往东五百里，叫阳夹山，那里没有草木，多水。

南3-8 又东五百里，曰灌湘之山①，上多木，无草；多怪鸟，无兽。

【注释】①灌湘之山，郭璞曰："一作灌湖射之山。"《五藏山经传》卷一："柜山东北也。在喀喇乌苏北岸骇拉池合诸水南注处。喀喇乌苏源自滕格里海东北之布喀池，西北流又潴为额尔吉根池，又东北为集达池，又东南为喀喇池，又东南而南受西南之说木池水，又东北受此水，一川而三面皆湖水相灌注，是以曰灌湖射也。喀喇，蒙古语，黑也；乌苏，水也。"

【译文】再往东五百里，叫灌湘山，山上有许多树木，没有草；有许多怪鸟，没有兽。

南3-9 又东五百里，曰鸡山①，其上多金，其下多丹膜②。黑水出焉，而南流注于海。其中有鱄鱼③，其状如鲋④而彘毛，其音如豚，见则天下大旱。

【注释】①鸡山，《五藏山经传》卷一："鸡山在索克宗城，比近索克占旦索河，东北流折而西南，与黑水会，象鸡首也。喀喇河自此以下名色尔楚。唐古特语：色尔，金也；楚，水也。即鸡山多金之证矣。"

②丹膜，《五藏山经传》卷一："膜，顸也，丹之青黑者得顸多，美丹得顸

鱄鱼

少，故有青膺丹膺之分。"湏即汞，此与《石雅》所释不同，参见西2-4注②。 ③鱄，音tuán。 ④鮒（fù），郝懿行曰："《广雅》云：'鮒，鲭也。'即今鲫鱼。鲫、鲭同字，见《玉篇》。"

【译文】再往东五百里，叫鸡山，山上多产金，山下多产丹膺。黑水在这里发源，向南流注入大海。水中有鱄鱼，形状象鲫鱼，有野猪一样的毛，叫声像猪，它出现天下就会大旱。

南3-10 又东四百里，曰令丘之山①，无草木，多火②。其南有谷焉，曰中谷，条风③自是出。有鸟焉，其状如枭④，人面四目而有耳，其名曰颙⑤，其鸣自号也，见则天下大旱。

【注释】①令丘之山，《五藏山经传》卷一："令丘即噶克布西北源所出之□□水西联臧河象屋脊，故曰令。（令同瓴，屋脊也）" ②多火，《五藏山经传》卷一："其东北源所出曰擦拉岭，东源曰偶公拉岭，南又有擦楮卡。唐古特语：擦，热也；拉，山也；楮，水也。即此经云多火矣。" ③条风，东北风。 ④枭，猫头鹰一类的鸟，一般泛指鸱鸮科动物。 ⑤颙，音yú。

颙

【译文】再往东四百里，叫令丘山，没有草木，许多地方有火。山的南面有谷，名叫中谷，条风从这里吹出来。那里有一种鸟，形状像猫头鹰，长着人脸，四只眼睛，有耳朵，名字叫颙，是根据它自己的叫声得名的，它一出现天下就会大旱。

南3-11 又东三百七十里，曰仑者之山^①，其上多金、玉，其下多青膜^②。有木焉，其状如谷^③而赤理，其汗如漆，其味如饴，食者不饥，可以释劳^④，其名曰白蓉^⑤，可以血玉^⑥。

【注释】①仑者之山，《五藏山经传》卷一："仑者之山在察木多西北。澜沧两水平行东南流，似仑，亦似堵也。仑，作册次合其竹也；堵，墙也，省作者。"　②青膜，亦作"護"。青碧之类，参见西2-4注②。　③谷，参见南1-1注⑦。　④释劳，郝懿行曰："高诱注《淮南·精神训》云：劳，忧也。"劳字古义既可解释为疲劳，也可解释为忧愁，郝懿行一律取"忧愁"义，但没有更多理由支持。《山海经》中"释劳"、"不劳"、"已劳"各出现一次，"已忧"和"不忧"也共出现三次，但没有其他说法意思相当于"消除疲劳"的，故今译文不从郝说，下同。　⑤蓉，音gāo。　⑥血玉，郭璞曰："血谓可用染玉作光彩。"章鸿钊《宝石说》卷四："市人往往以无色水精而有豐绺者染造红色，诡称桃花石或红璧玺以图得高价者，《山海经》谓白蓉可以血玉，殆即其类。"

【译文】再往东三百七十里，叫仑者山，山上多产金、玉，山下多产青膜。山中有一种树，形状像穀树，有红色的纹理，分泌出的树脂像漆，味道像饴糖，吃了可以充饥，可以消除疲劳，名字叫白咎，可以用来染玉。

南3-12 又东五百八十里，曰禺稿之山^①，多怪兽，多大蛇。

【注释】①禺稿之山，《五藏山经传》卷一："禺稿之山在工布札木达城南。噶克布河在东，象禺。工布河象所持空槁也。"参见南1-1注⑧。

【译文】再往东五百八十里，叫禺稿山，山上有许多怪兽和大蛇。

南3-13　又东五百八十里，曰南禺之山①，其上多金、玉，其下多水。有穴焉，水春辄入，夏乃出，冬则闭。佐水②出焉，而东南流注于海，有凤皇、鹓雏③。

【注释】①南禺之山，《五藏山经传》卷一："山在工布河西岸之撒皮塘塔拉，南禺水形象禺而在南也。卫藏以东诸水皆发源东南流折而南，皆象禺蒙戎被发状。雅龙最北，工布最南，故曰南禺。"参见南1-1注⑧。　②佐水，《五藏山经传》卷一："佐水即工布河，入海处未详。然经言东南，疑下流经猓猓界为云南之槟榔江，而其东南之绰多穆河则为云南之龙川江，并南至暹罗入海也。"　③鹓雏（yuān chú），鸾凤一类的鸟。

【译文】再往东五百八十里，叫南禺山，山上多产金、玉，山下多水。山上有一个洞穴，春天就有水流入，夏天流出，冬天就闭合了，不出不入。佐水在这里发源，向东南流注入大海。有凤凰、鹓雏。

凡南次三经之首，自天虞之山以至南禺之山，凡一十四山，六千五百三十里。其神皆龙身而人面。其祠：皆一白狗祈①，糈用稌。

【注释】①祈，请祷、求福。毕沅以为祈是"劖"的通假字，指用牲畜的血涂在祭器上的一种祭礼。其解释比较牵强，可能是考虑到"用狗祈祷"不太像话，故为此说。然而这样解释对狗的用途是说通了，狗血涂抹在哪里又没有了着落。

【译文】《南次三经》一组，从天虞山到南禺山一共十四座山,六千五百三十里。山神都是龙身人面。祭祀的礼仪为:都用一条白狗祈祷,精米用粳稻。

龙身人面神

右南经之山志,大小凡四十山,万六千三百八十里①。

【注释】① 这句话和下文类似文字可能是刘向等校书者的段落小结,后世抄印《山海经》都把这些文字收入在内。

【译文】以上是《南山经》的内容,大小四十座山,一万六千三百八十里。

卷二 西山经

西山经

【题解】《五藏山经传》卷二："此与二三经所志，河、华以西诸山也。"

西1-1 西山经华山之首，曰钱来之山①，其上多松，其下多洗石②。有兽焉，其状如羊而马尾，名曰羬羊③，其脂可以已腊④。

【注释】①钱来之山，吕调阳以为"来"当作"耒"，《五藏山经传》卷二："钱耒山在河南阌乡县西南辘轳关，弘农河首也。耒，犁辕也；钱，耜金也。弘农两源合东流环曲而北注河，象县犁冒金于耒，故曰钱耒。" ②洗石，郭璞曰："澡洗可以碳体去垢坋。"《五藏山经传》卷二："濯足谓之洗。洗石，今名华蕊石，出华陕诸山中，屑之可治足缝出水，故名。非去垢坋之谓也。" ③羬（qián），郭璞曰："今大月氏国有大羊如驴而马尾；《尔雅》云，羊六尺为羬，谓此羊也。" ④腊（xī），皮肤皱裂。郝懿行曰："《说文》云：

羬羊

· 32 ·

'昔，干肉也，籀文作腊。'此借为皲腊之字。今人以羊脂疗皲有
验。"

【译文】《西山经》华山组第一座山，叫钱来山，山上
有许多松树，山下多产洗石。那里有一种兽，形状像羊，尾巴
像马，名叫羬羊，它的油脂可以用来治疗皮肤皲裂。

西1-2西四十五里，曰松果之山。濩水①出焉，北流注
于渭，其中多铜。有鸟焉，其名曰螅②渠，其状如山鸡，
黑身赤足，可以已𤷜③。

【注释】①濩（huò）水，《五藏山经传》卷二："濩水，蒲
谷水也。" ②螅，音tóng。
③𤷜（báo），皮肉凸起、肿
起。

【译文】往西四十五
里，叫松果山。濩水在这里
发源，向北流注入渭水，水
中多产铜。有一种鸟，名字
叫螅渠，形状像山鸡，黑的

螅渠

身体，红的脚，可以用来平复皮肤凸起。

西1-3又西六十里，曰太华之山①，削成而四方，其高
五千仞②，其广十里，鸟兽莫居。有蛇焉，名曰肥𧑒③，六
足四翼，见则天下大旱④。

【注释】①太华之山，吴承志《山海经地理今释》卷一："太
华之山在今陕西华阴县南，距嵩谷河源山约六十里。"即今西岳华
山。 ②仞，八尺也。 ③𧑒，音wèi。 ④郭璞曰："汤时此蛇见于

阳山下。"

【译文】再往西六十里，叫太华山，山形陡峭而呈方形，高达五千仞，方圆十里，没有鸟兽居住。有一种蛇，名叫肥螆，有六只脚四个翅膀，它一旦出现天下就会大旱。

西1-4又西八十里，曰小华之山①，其木多荆、杞②，其兽多㸨牛③，其阴多磬石④，其阳多㻬琈⑤之玉，鸟多赤鷩⑥，可以御火。其草有萆荔⑦，状如乌韭⑧，而生于石上，亦缘木而生，食之已心痛。

【注释】①小华之山，《山海经地理今释》卷一："今华州南少华山。"　②荆、杞，参见南2-14注③。　③㸨，音zuó。郭璞曰："今华阴山中多山牛山羊，肉皆千斤，牛即此牛也。"参见南1-5注⑤。　④磬石，郭璞曰："可以为乐石。"《石雅·乐石》："古之所谓磬石、乐石、鸣石或石鼓者，皆取有声为义，尤当以灰石或钟乳为多。"　⑤㻬琈（tū fú），郝懿行曰："《说文》引孔子曰：'美哉玙璠，远而望之奂若也，近而视之瑟若也。一则理胜，一则孚胜。'此经'㻬琈'，古字所无，或即玙璠之字，当由声转；若系'理孚'之文，又为形变也。古书多假借，疑此二义似为近之。"　⑥鷩（bì），郭璞曰："赤鷩，山鸡之属。"宋陆佃《埤雅》卷九："鷩

肥螆

似山鸡而小，冠背毛黄，项上绿色鲜明，胸腹洞赤，《西山经》所谓'赤鷩，可以御火'者也。"今名红腹锦鸡，又名金鸡、锦鸡。　⑦萆（bì）荔，即薜荔，又名爬山虎，常绿攀援灌木，旧时常与形似的络石藤

混称。　⑧乌韭,旧说有说即麦门冬,也有说生长石上,不知为今何物。

【译文】再往西八十里,叫小华山,山上的树木主要是荆棘、枸杞,兽类多是牦牛,山的北面多产磐石,南面多产琈琈之玉,鸟类多赤鷩,可以防火。草有萆荔,形状像乌韭,但生在石头上,也有缠绕树木而生的,吃了可以治疗心痛。

西1-5 又西八十里,曰符禺之山①,其阳多铜,其阴多铁。其上有木焉,名曰文茎,其实如枣,可以已聋。其草多条,其状如葵,而赤华黄实,如婴儿舌,食之使人不惑。符禺之水②出焉,而北流注于渭。其兽多葱聋,其状如羊而赤鬣。其鸟多鴖③,其状如翠④而赤喙,可以御火⑤。

【注释】①符禺之山,《五藏山经传》卷二:"禺性憨愚。遇者以筒竹授之则持而笑,笑则唇自蔽其面,因得脱走,此符禺山水之所取象也。"参见南1-1注⑧。　②符禺之水,《五藏山经传》卷二:"水在今郿县西南曰苍龙谷北,流少东至县西入渭。"③鴖,音mín。　④翠,即翠鸟。　⑤可以御火,郭璞曰:"畜之辟火灾也。"前条赤鷩可以御火,郭璞并未出注,本条却出注强调是畜养它来防火,用意不详。

【译文】再往西八十里,叫符禺山,山的南面多产铜,北面多产铁。山上有树名叫文茎,它的果实像枣,吃了可以治疗耳聋。山上的草多是条草,形状像葵,花是

牦

红色的，果实是黄色的，像婴儿的舌头，吃了可以使人不迷惑。符禺水从这里发源，向北流注入渭水。兽多是葱聋，形状像羊，颈上的毛是红色的。鸟多是鴖，样子像翠鸟，嘴是红色的，喂养这种鸟可以预防火灾。

西1-6 又西六十里，曰石脆之山，其木多棕、枏，其草多条，其状如韭，而白华黑实，食之已疥。其阳多琈珸①之玉，其阴多铜。灌水出焉，而北流注于禺水。其中有流赭②，以涂牛马无病③。

【注释】①琈珸，参见西1-4注⑤。　②赭，参见北2-2注③。　③"以涂"句，郭璞曰："今人亦以朱涂牛角，云以辟恶。马或作角。"

【译文】再往西六十里，叫石脆山，山上的树木多是棕树、枏树，草多是条草，形状像韭菜，花是白色的，果实是黑色的，吃了可以治疗疥疮。山的南面多产琈珸玉，北面多产铜。灌水在这里发源，向北流注入禺水。水中有流赭，用它涂在牛马身上可以不得病。

西1-7 又西七十里，曰英山，其上多杻橿①，其阴多铁，其阳多赤金。禺水出焉，北流注于招②水，其中多䱥③鱼，其状如鳖，其音如羊。其阳多箭、䉋④，其兽多㸲牛⑤、羬羊⑥。有鸟焉，其状如鹑，黄身而赤喙，其名曰肥遗，食之已疠⑦，可以杀虫。

肥遗

【注释】①杻（niǔ），《诗经》、《尔雅》都有记载，但古人一直不很清楚到底指什么树，宋郑樵《尔雅注》："此俗呼朴树，其木如檀，子大如梧桐子而黄。"则指今天榆科植物朴树。橿（jiāng），旧说是用来造车的硬质木材，同样没有明确所指，今人通常认为是壳斗科植物尖叶栎。　②招，音sháo。　③鲜，音bàng。　④箭，箭竹，也称刚竹，竹的一种。高近丈，节间三尺，坚劲，可制箭。䉋（mèi），郭璞曰："今汉中郡出䉋竹，厚里而长节，根深，笋冬生地中，人掘取食之。"　⑤㸲牛，参见南1-5注⑤。　⑥羬羊，参见西1-1注③。　⑦疠，郭璞曰："疠，疫病也，或曰恶创。"

【译文】再往西七十里叫英山，山上多杻木、橿树，山的北面多产铁，南面多赤金。禺水在这里发源，向北流注入招水，水中多鲜鱼，形状像鳖，叫声像羊。山南面有许多箭竹和䉋竹，兽类多㸲牛、羬羊。有一种鸟，形状像鹌鹑，身体是黄色的，嘴是红色的，名字叫肥遗，吃了可以治疫病，可以杀死寄生虫。

西1-8 又西五十二里，曰竹山①，其上多乔木，其阴多铁。有草焉，其名曰黄雚②，其状如樗③，其叶如麻，白华而赤实，其状如赭④，浴之已疥，又可以已胕⑤。竹水出焉，北流注于渭，其阳多竹箭⑥，多苍玉⑦。丹水出焉，东南流注于洛水，其中多水玉，多人鱼⑧。有兽焉，其状如豚而白毛，大如笄⑨而黑端，名曰豪彘⑩。

【注释】①竹山，《五藏山经传》卷二："竹山，在今渭南县东南四十里，俗名箭谷岭。"　②雚，音huán。　③樗（chū），臭椿。　④其状如赭，郭璞曰："紫赤色。"则"其状"并非指形状而言。赭，参见北2-2注③。　⑤胕，音fú，浮肿。　⑥箭，郭璞

豪彘

曰："篠也。"竹箭名篠，见于《尔雅·释地》："东南之美者，有会稽之竹箭焉。"东南物产不应见诸《西山经》，故此竹箭仍应是上文所说的箭竹，参见西1-7注④。⑦苍玉，《石雅·琳琅》引此文苍玉及水玉，曰："明水玉与苍玉流分而源合也。《翻译名义集》卷八云，颇黎此云水玉，即苍玉。案颇黎亦水精属，则苍玉、水苍玉固皆其类也。又称水碧脂或碧玉。"　⑧人鱼，郭璞曰："如鲵鱼四脚。"古代有鲵、鲣、魶、孩儿鱼等名称，描述的主要特征是声音像婴儿的哭声，爱上树。今一般认为指两栖纲有尾目动物。　⑨笄（ㄐㄧ），古时用以贯发或固定弁、冕的饰物。　⑩豪彘，即豪猪，又名狟猪，啮齿目动物，全身有刺。

【译文】再往西五十二里，叫竹山，山上有许多乔木，山北面多产铁。那里有一种草，名叫黄藿，形状像樗树，叶子像麻叶，花是白色的，果实是红色的，有点像赭土的颜色，用由它浸泡的水洗澡可以治疥疮，还可以治疗浮肿。竹水在这里发源，向北流注入渭水。山南面有许多竹箭，多产苍玉。丹水在这里发源，向东南流注入洛水，水中多产水晶，又有很多人鱼。有一种兽，形状像猪，毛是白色的，像簪子一样粗大，末端黑色，名叫豪彘。

西1-9又西百二十里，曰浮山①，多盼木，枳叶②而无伤③，木虫居之。有草焉，名曰薰草④，麻叶而方茎，赤华而黑实，臭如蘼芜⑤，佩之可以已疠。

【注释】①浮山，《五藏山经传》卷二："浮山，在蓝田县南牧护关，灞水所出，即秦岭北麓也。" ②枳，参见西3-1注⑦。③伤，刺。 ④薰草，《广雅》卷十："薰草，蕙草也。"古代香草种类繁多，名实混乱，很多无法与今植物名称对应。 ⑤蘼芜，香草。即今伞形科植物川芎。

【译文】再往西一百二十里，叫浮山，上面生有很多盼木，叶子像枳树但没有刺，树中生有木虫。有一种草，名叫薰草，叶子像麻叶，茎是方的，花是红色的，果实黑色，气味像蘼芜，佩戴在身上可以治疫病。

西1-10 又西七十里，曰羭次之山①，漆水出焉，北流注于渭。其上多棫②、橿③，其下多竹箭④，其阴多赤铜，其阳多婴垣之玉⑤。有兽焉，其状如禺⑥而长臂，善投，其名曰囂。有鸟焉，其状如枭⑦，人面而一足，曰橐𦊱⑧，冬见夏蛰，服之不畏雷⑨。

【注释】①羭（yú）次之山，《五藏山经传》卷二："山在盩厔县南，有黑水三泉奇发，言归一渎，西北合就水入渭，即漆水也。山之西北即盩厔河，象羭，此水为其次也。" ②棫（yù），郭璞曰："白桵也。"即蔷薇科植物单花扁核木。③橿，参见西1-7注①。 ④竹箭，参见西1-7注④。 ⑤婴

囂

橐𦐩

垣之玉,郭璞曰:"垣或作短,或作根,或作埋,传写谬错,未可得详。"吕调阳校作"婴珇之玉",《五藏山经传》卷二:"婴珇之玉亦作婴珉之玉,即今白石英也。婴,幼女项饰也;珉,幼子项饰也。珇,古文作𦐩,从8,即古乳字,石英之端似乳也。" ⑥禺,参见南1-1注⑧。 ⑦枭,参见南3-10注④。 ⑧橐𦐩,音tuó féi。 ⑨"服之"句,郭璞曰:"着其毛羽,令人不畏天雷也。"《山海经》中有许多"服之",有的指佩戴,有的指食用,也有很多无法知道到底指那种情况,只好任选其一。

【译文】再往西七十里,叫瑜次山,漆水在这里发源,向北流注入渭水。山上有许多棫、橿,山下有许多竹箭,山北面多产赤铜,南面多产婴垣玉。有一种兽,形状像禺,手臂很长,善于投掷,名字叫嚣。有一种鸟,形状像枭,长着人脸,一只脚,名字叫橐𦐩,冬天外出活动,夏天蛰伏,佩戴其羽毛可以不怕打雷。

西1-11 又西百五十里,曰时山①,无草木。逐水②出焉,北流注于渭,其中多水玉。

【注释】①时山,《五藏山经传》卷二:"时山,即太乙山,今名大岭,狗加川水出其东,即家水也。" ②逐水,郭璞曰:"或作遂。"吕调阳校作家水,《五藏山经传》卷二:"家从豭省,牡用豕也,狗加川水象之。"

【译文】再往西一百五十里,叫时山,没有草木。逐水在这里发源，向北流注入渭水，其中多产水晶。

西1-12又西百七十里，曰南山①，上多丹粟②。丹水出焉，北流注于渭。兽多猛豹③，鸟多尸鸠④。

【注释】①南山，《五藏山经传》卷二："南山在兴平县南。秦岭自西东走，群支曲折散出，唯此山正南行二百里讫于宁陕，故独受南称。赤水出其南，即丹水也。" ②丹粟，参见南2-1注⑦。 ③猛豹，郭璞曰："似熊而小，毛浅，有光泽，能食蛇，食铜铁，出蜀中。" ④尸鸠，布谷鸟。尸鸠也写作"鸤鸠"。

尸鸠

【译文】再往西一百七十里，叫南山，山上有许多丹粟。丹水在这里发源，向北流注入渭水。山上兽类多猛豹，鸟类多尸鸠。

西1-13又西百八十里，曰大时之山①，上多谷②、柞③，下多杻橿④，阴多银，阳多白玉。涔水⑤出焉，北流注于渭。清水出焉，南流注于汉水。

【注释】①大时之山，《五藏山经传》卷二："山在宝鸡益门镇之正南，当煎茶坪之东南，为秦岭之首。其北清水河所出，南即褒水、西次二源所出也。" ②谷，参见南1-1注⑦。 ③柞，郭璞曰："栎。"按郭璞所注，当指壳斗科植物麻栎。另有名叫柞木，属大风科植物。下文中8-1称麻栎为"杼"，疑此处当指大风科植物柞木。 ④杻、橿，参见西1-7注①。 ⑤涔（cén）水，《五藏山经传》卷二："褒水四源平列，相去各二十馀里，或三十里，并南流而合，如人竖指之状，故谓之浒。浒从岑，山小而高，象人竖指也。"

【译文】再往西一百八十里，叫大时山，山上有许多榖树和柞树，山下有许多杻、橿，山北多产银，山南多产白玉。浒水在这里发源，向北流注入渭水。清水也在这里发源，向南流注入汉水。

西1-14 又西三百二十里，曰嶓冢之山①，汉水出焉，而东南流注于沔；嚣水②出焉，北流注于汤水③。其上多桃枝钩端④，兽多犀、兕⑤、熊、罴⑥，鸟多白翰⑦、赤鷩⑧。有草焉，其叶如蕙⑨，其本⑩如桔梗，黑华而不实，名曰蓇蓉⑪，食之使人无子。

【注释】①嶓，音bō。　②嚣水，吕调阳校作嚣水，《五藏山经传》卷二："灞水即嚣水也，岭之正南曰红岭砦，为今甲河所出，东南会色河注汉水。"　③汤水，《五藏山经传》卷二："灞水北历辋川，西北会浐水，又西北会狗加川水。狗加川即下经之家水，北纳温水，合灞、温水即汤水也。"　④钩端，郭璞曰："桃枝属。"桃枝是《尔雅》中一种竹名，戴凯之《竹谱》不同意以桃枝为竹的说法，理由是《山海经》所指桃枝是木类，《尔雅》的桃枝在草类。然而《山海经》称桃枝、钩端时或木或草，且古人对于竹也或称为木或称为草，原无一定，即便在《山海经》本身也是如此，如中11-43称其木多櫹，中12-8称其木多竹箭媠箘，而"其草多竹"的说法又屡见。因此这里的桃枝、钩端，仍应是竹类。

白翰

《广雅·释草》："箹籓,桃支也",其字也属竹部。 ⑤兕,参见南3-2注②。 ⑥罴(pí),熊的一种。俗称人熊或马熊。 ⑦白翰,郭璞曰："白鷩也,亦名鷩雉,又曰白雉。"又作白鷨,即今雉科动物白鹇。 ⑧赤鷩,参见西1-4注⑥。 ⑨蕙,兰草一类的香草。⑩本,根。 ⑪菁(gū)蓉,杨慎《山海经补注》："今名花骨空,凌霄花之类。"

【译文】再往西三百二十里,叫嶓冢山,汉水在这里发源,向东南流注入沔水;嚣水也在这里发源,向北流注入汤水。山上有许多桃枝、钩端,兽类多是犀、兕、熊、罴,鸟类多是白翰、赤鷩。有一种草,叶子像蕙,根像桔梗,花是黑色的,不结果实,名叫菁蓉,吃了使人不育。

西1-15又西三百五十里,曰天帝之山①,上多棕、枏,下多菅、蕙②。有兽焉,其状如狗,名曰溪边,席其皮者不蛊③。有鸟焉,其状如鹑,黑文而赤翁④,名曰栎,食之已痔。有草焉,其状如葵,其臭如蘼芜⑤,名曰杜衡⑥,可以走马⑦,食之已瘿⑧。

【注释】①天帝之山,吕调阳校作天带之山,《五藏山经传》卷二:"天带之山在固原州,西踞苦水河首,水两源,南流若倒带,故名。" ②菅,又名菅茅、苞子草。茎可以编绳织鞋、覆盖屋顶。蕙,参见西1-14注⑨。 ③蛊,参见南1-8注③。 ④翁,鸟颈部的毛。 ⑤蘼芜,参见西1-9注⑤。 ⑥杜衡,香草名。 ⑦可以走马,郭璞曰:"带之令人便马。或曰,马得之而健走。"便马,擅长骑马。其功用不知是针对人还是针对马。 ⑧瘿(yīng),古代所说的瘿只是针对外形而言,凡软的、不溃烂的肿块都可称瘿,遍体可生,而颈部较多见。按照现代医学的观点,古人所称的瘿有不同的病理。

【译文】再往西三百五十里,叫天帝山,山上有许多棕树和枏树,山下有许多菅和蕙。有一种兽,形状像狗,名叫溪边,用它的皮当坐卧的铺垫可以预防蛊病。有一种鸟,形状像鹌鹑,有黑色的花纹和红色的颈毛,名叫栎,吃了它的肉可以治疗痔疮。有一种草,形状像葵,气味像蘼芜,名叫杜衡,马吃了能跑得更快,人吃了可以治疗肿块。

西1-16西南三百八十里,曰皋涂之山①,蔷②水出焉,西流注于诸资之水;涂水出焉,南流注于集获之水③。其阳多丹粟④,其阴多银、黄金,其上多桂木。有白石焉,其名曰礜⑤,可以毒鼠。有草焉,其状如藁茇⑥,其叶如葵而赤背,名曰无条,可以毒鼠。有兽焉,其状如鹿而白尾,马足人手⑦而四角,名曰玃⑧如。有鸟焉,其状如鸱而人足,名曰数斯,食之已瘿⑨。

【注释】①皋涂之山,《五藏山经传》卷二:"皋涂之山在今秦州清水县北陇城关。其北马落川所出,西流注苦水河;南则长家川所出,西南注集翅河,并南入渭。" ②蔷,音sè。 ③集获之水,吕调阳校作集蒦之水,《五藏山经传》卷二:"集蒦,鸷鸟下集也。集翅河合东南诸水西南流而入渭,厥状肖之。" ④丹粟,参见南2-1注⑦。 ⑤礜(yù)石,今名砷黄铁矿,别名毒砂,主要成分为硫砷化铁。 ⑥藁

栎

芨（bá），香草名，即中
3-2藁本。 ⑦人手，郭璞
曰："前两脚似人手。"
⑧玃，音yīng。 ⑨瘿，参
见西1-15注⑧。

数斯

【译文】往西南
三百八十里，叫皋涂山，蔷水在这里发源，向西流注入诸资
水；涂水也在这里发源，向南流注入集获水。山的南面有许
多丹粟，北面多产银和黄金，山上多桂树。有一种白色的石
头，名字叫礜，可以用来毒杀老鼠。有一种草，形状像槁芨，
叶子像葵，背面是红色的，名叫无条，可以用来毒杀老鼠。
有一种兽，形状像鹿，尾巴是白色的，后肢像马，前肢则像人
手，有四个角，名字叫玃如。有一种鸟，形状像鹞鹰，脚像人
脚，名叫数斯，吃了它的肉可以治疗肿块。

西1-17又西百八十里，曰黄山①，无草木，多竹箭②。
盼水③出焉，西流注于赤水，其中多玉。有兽焉，其状如
牛，而苍黑大目，其名曰𤝐④。有鸟焉，其状如鸮⑤，青羽
赤喙，人舌能言，名曰鹦鹉⑥。

【注释】①黄山，《五藏山经传》卷二："黄山，兰州靖远县
东百七十里之沙石原也。" ②竹箭，参见西1-7注④。 ③盼，
郭璞曰："音'美目盼兮'之'盼'。"郝懿行曰："郭既音盼，知经文
必不作盼，未审何字之讹。"吕调阳因其水形校作"𣸚"。《五藏山经
传》卷二："其南曰屈吴山，有水西北流，会东来之大鲜口水，又西北
注红岭堡水，即赤水。堡在会口之北少东，水出其东南流，有一水源特
远，自红井子之东北，西南流经井北，又西注红岭水而西南与屈吴山水

鹦鹃

会合。诸水形象分麻开其指,故谓之
汖水也。" ④搴,音mǐn。 ⑤鸮,
即鸱鸮科动物斑头鸺鹠,俗称猫头
鹰。见西4-10。 ⑥鹦鹃,鹦鹉的
另一写法。

【译文】再往西一百八十
里,叫黄山,没有草木,有许多竹箭。盼水在这里发源,向西
流注入赤水,其中多产玉。有一种兽,形状像牛,颜色青黑,
眼睛很大,名叫搴。有一种鸟,形状像猫头鹰,青色的羽毛,
红色的嘴,长着像人一样的舌头能说话,名叫鹦鹃。

西1-18 又西二百里,曰翠山①,其上多棕、柟,其下多
竹箭②,其阳多黄金、玉,其阴多旄牛③、麢、麝④;其鸟多
鸓⑤,其状如鹊,赤黑而两首四足,可以御火。

【注释】①翠山,《五藏山经传》卷二:"翠山在镇羌营西北
古城土司地,庄浪河出其南,东流循长城而东南而南注黄河。古浪
河出其北,东流而循长城而东北出塞,潴为白海。两源形似鸟翠,
故山受其名。" ②竹箭,参见西1-7注④。 ③旄牛,参见南1-5
注⑤。 ④麢(líng)麝,郭璞曰:
"麢似羊而大,角细,食好在山崖
间;麝似獐而小,有香。"麢,今称羚
羊。 ⑤鸓,音lěi。

【译文】再往西二百里,叫
翠山,山上有许多棕树和柟树,
山下多竹箭,山的南面多产黄
金、玉,山的北面有许多旄牛、麢

麢

和麝。鸟类多是鸓，形状像鹊，红黑色，两个头四只脚，可以防火。

鸓

西1-19又西二百五十里，曰騩山①，是錞②于西海，无草木，多玉。凄水③出焉，西流注于海，其中多采石④、黄金，多丹粟⑤。

【注释】①騩（guī）山，《五藏山经传》卷二："马人立谓之騩。（经中名騩山者四，皆水形象马人立。）騩山，自大通河以西、湟水以东皆是也。"②錞（chún），郭璞曰："錞犹堤埻也。"汪绂曰："錞犹蹲也。"郝懿行曰："（郭注）埻字疑衍，堤盖埻障之义。"《五藏山经传》卷二："其山本自河源之巴颜哈喇山分支历青海北而来，其支峰南出为海中之二山，曰察汉峰，曰魁孙拖罗海。然自东溯之，则自两水会口而西北而西而南达于海中，故曰錞于西海。錞者，屈注之义也，古谓滑稽为淳于，其和鼓之器县而沃水，亦以滑稽出其水，因亦曰錞于也。"滑稽、淳于，酒壶一类的器物。"錞于"二字《山海经》五次出现，其中三次都是某山"錞于"某水（海），汪以通假解说最为简捷，但嫌缺少理据；吕说最为详尽，却略嫌迂曲，但大意总是某山在某水旁。③凄，郭璞曰："或作浽。"《五藏山经传》卷二："浽水，哈尔济河也，出东北山西南流八十馀里注之，湟水出其东，象手形，故是水曰浽也。"取"捼"有摩娑义，用于水名，则换作氵旁。④采石，郭璞曰："石有采色者，今雌黄、空青、碧绿之属。"《石雅·辨疑》："采石以多色著，而异乎文石之以多文著者也。"参见北1-1注⑤。　⑤丹粟，参见南2-1注⑦。

【译文】再往西二百五十里，叫騩山，坐落在西海边，没有草木，多产玉。淒水在这里发源，向西流注入大海，其中多产采石、黄金，有许多丹粟。

凡西经之首，自钱来之山至于騩山，凡十九山，二千九百五十七里。华山冢①也，其祠之礼：太牢②。羭山神也，祠之：用烛③，斋百日以百牺④，瘗用百瑜⑤，汤⑥其酒百樽，婴⑦以百珪⑧百璧。其馀十七山之属，皆毛牷⑨用一羊祠之。烛者百草之未灰，白席采等⑩纯⑪之。

【注释】①冢，郭璞曰："冢者，神鬼之所舍也。"俞樾《读山海经》："毕氏《校正》曰：'《尔雅》曰，山顶曰冢。'《释诂》曰：'冢，大也。'愚按，郭说固望文生训，而毕说亦未安。用山顶之说，是犹曰'华山，顶也'；用'冢大'之说，是犹曰'华山，大也'，以文义论皆属不辞。今按下云'羭山神也'，两句为对文。冢犹君也，神犹臣也，盖言华山为君而羭山为臣。"　②太牢，古代祭祀，牛羊豕三牲俱备为太牢。③烛，古代的烛是用干枯的植物如芦苇、麻茎等浸灌耐燃而火焰明亮的油脂用于照明，也就是下文所说的"百草之未灰"，相当于后来的火把，这

羭山神

种火把缩小以后就是油灯的雏形，在战国时期的文献中有记载。而现在所说的蜡烛则大约在魏晋时期才出现。 ④牺，古代祭祀用的纯色牲畜。 ⑤瑜，美玉。 ⑥汤（tàng），郝懿行曰："今人呼温酒为'汤酒'本此。" ⑦郭璞曰："婴谓陈之以环祭也。或曰婴即古罂字，谓盎也。" ⑧珪，即圭，古代玉制礼器，长条形，上尖下方。 ⑨牷，色纯而形体完整的祭牲。 ⑩等，等差，古代祭祀礼仪用不同的祭物、仪式来区分受祭者的贵贱尊卑。 ⑪纯（zhǔn），边缘，镶边。这里是说众山神尊卑不同，都用白席，但席子的镶边用不同的色彩来区分它们的不同等级。

【译文】《西山经》一组，从钱来山到騩山一共十九座山，二千九百五十七里。华山是众神之君，祭祀的礼仪为：用太牢。瑜山是华山的臣属，祭祀它的礼仪：用烛，斋戒一百天，用一百种纯毛色的牲畜，埋一百块美玉，烫上一百樽酒，还要环绕陈列珪和璧各一百块。其馀十七座山的山神，都用一头完整纯色的羊祭祀。所谓烛，就是没有烧过的百草。白色的席子周边按山神的等级镶上相应的色边。

西次二经

【题解】吕调阳说见《西山经》题解。

西2-1西次二经之首，曰钤山①，其上多铜，其下多玉，其木多杻、橿②。

【注释】①钤（qián）山，《五藏山经传》卷二："户屈戍谓之钤。钤山在今鄜州西张村驿，有清水河出西北百里，合两大源东南流经驿北而南注洛水，状屈戍形，故名。"屈戍，旧时门窗上的金属搭扣。 ②杻、橿，参见西1-7注①。

【译文】《西次二经》一组，第一座叫钤山，山上多产铜，山下多产玉，树木以杻、橿为主。

西2-2西二百里，曰泰冒之山①，其阳多金，其阴多铁。浴水出焉，东流注于河，其中多藻玉②，多白蛇。

【注释】①泰，郭璞曰："或作'秦'。"《五藏山经传》卷二："秦冒，洛南源所出也。秦，辛之异文；冒，其蒂也。洛源北流会豹子川似之。"吕调阳以为"秦"为"辛"字别体，指马兜铃科植物细辛，文繁不录。 ②藻玉，郭璞曰："玉有符彩者。"参见《中次七经》末段注②。

【译文】往西二百里，叫泰冒山，山南面多产金，北面多产铁。浴水在这里发源，向东流注入河，水中多产藻玉，又有许多白蛇。

西2-3 又西一百七十里，曰数历之山①，其上多黄金，其下多银，其木多杻、橿②，其鸟多鹦䳇。楚水③出焉，而南流注于渭，其中多白珠。

【注释】①数历之山，《五藏山经传》卷二："数历，子午山南分水岭也。自岭而南，其西注泾诸川四源均列，象积禾，故曰数历。历者，数积禾也。其川即程水矣。" ②楚水，《五藏山经传》卷二："楚当作漆，即沮水。《尔雅》：'水自济出为沮'，字亦作漆，是也。凡水沮洳及不常流者，通名沮也。" ③杻橿，参见西1-7注①。

【译文】再往西一百七十里，叫数历山，山上多产黄金，山下多产银，树木多是杻、橿，鸟多是鹦鹉。楚水在这里发源，向南流注入渭水，水中多产白珠。

西2-4 又西百五十里高山①，其上多银，其下多青碧②、雄黄③，其木多棕，其草多竹。泾水④出焉，而东流注于渭，其中多磬石⑤、青碧。

【注释】①高山，《五藏山经传》卷二："高山在邠州北四十馀里，今曰抚琴山，暖泉所发。" ②青碧，郭璞曰："碧亦玉类也。"《石雅·色金》："青碧亦石青、石绿之属。""石青，今以为青色彩，《本草纲目》谓即古之扁青，而俗呼为大青。考其质为二铜炭养三铜（养轻）二[2CuCO$_3$Cu(OH)$_2$]，其色如蓝，故今亦名蓝铜矿。""石绿，今画工用为绿色者。苏恭曰：绿青，画工呼为石绿。则石绿即绿青矣，考其质为铜炭养三铜（养轻）二[$CuCO_3Cu(OH)_2$]，今又名孔雀石，其色美，故俗以为珍玩。"又青膿："是字或作'雘'。颜氏谓即空青，《玉篇》亦云青属，则亦青碧类也。"　③雄黄，参见西4-16注②。　④泾水，《五藏山经传》卷二："泾，迳也，过也。凡溯泾者自渭直西北得暖泉水，其正流乃在西；又循流直西北得杨晋水，正流乃在东，更北行而西北凡三百馀里，入水沟门，更东北十数里入红德川，又改由耿家河直北百六十馀里，尽于三山堡，又改东北十数里得天池。乃正源每进辄过，故是水旁源通，可名泾水。《诗》曰'遹其过涧'是也。古人所谓泾涏，不近人情，义取诸此也。（泾涏通作迳庭）"　⑤磐石，参见西1-4注④。

【译文】再往西一百五十里，叫高山，山上多产银，山下多产青碧和雄黄，树木多是棕树，草主要是竹。泾水在这里发源，向东流注入渭水，水中多产磐石、青碧。

西2-5西南三百里，曰女床之山①，其阳多赤铜，其阴多石涅②，其兽多虎、豹、犀、兕③。有鸟焉，其状如翟④而五采文，名曰鸾鸟⑤，见则天下安宁。

【注释】①女床之山，《五藏山经传》卷二："女床之山在凤翔府西，雍水所枕也。"　②石涅，吴任臣云："《本草》：'黑石脂一名石墨，一名石涅，南人谓之画眉石。'杨慎《补注》曰：'石涅可以染黑色。《论语》"涅而不淄"，即此物也。又可以书字，谓之

鸾鸟

石墨。'"《山海经》中石涅、涅石共五处，这是第一处。郭璞以二者为一物，吴任臣《广注》始指其误，认为石涅是石墨，涅石是矾石。郝懿行赞同吴的说法，但怀疑他所依据的《本草》有脱文。章鸿钊则认为郭璞将石涅和涅石简单当作一物虽错，但其中有原因。古人所说的矾可以从石涅中提取，也可以从涅石中提取；石涅就是石墨，而涅石就是矾土石或明矾石。二者虽是两种不同的矿石，但都是提取矾的原料，笼统地算作矾石。因此，郭璞混为一谈固然不对，但吴、郝也没有把原委说清。详见《石雅·辨疑》。③兕，参见南3-2注②。　④翟（dí），即今雉科动物长尾雉，又名山鸡。　⑤鸾鸟，郭璞曰："旧说鸾似鸡，瑞鸟也，周成王时西戎献之。"

【译文】往西南三百里，叫女床山，山的南面多产赤铜，北面多产石涅。兽类多是虎、豹、犀、兕。有一种鸟，形状像翟，身上有五彩图案，名叫鸾鸟，它的出现预示着天下安宁。

西2-6 又西二百里，曰龙首之山①，其阳多黄金，其阴多铁。苕水②出焉，东南流注于泾水，其中多美玉。

【注释】①龙首之山，《五藏山经传》卷二："龙首之山在今陇州西北白岩铺之北，所谓陇头也。"　②苕水，吕调阳校作召水，《五藏山经传》卷二："其北柳家河出焉，东流右合二源象手招之形，故曰召水。"

【译文】再往西二百里，叫龙首山，山的南面多产黄金，北面多产铁。苕水在这里发源，向东南流注入泾水，水中多产美玉。

西2-7 又西二百里，曰鹿台之山[1]，其上多白玉，其下多银，其兽多㸲牛[2]、䍺羊[3]、白豪[4]。有鸟焉，其状如雄鸡而人面，名曰凫徯，其鸣自叫也，见则有兵。

【注释】①鹿台之山，《五藏山经传》卷二："鹿台山在静宁州东曹务镇，镇北有好水河，东自隆德县合四源西南流，象鹿首角。镇西一水西流入之，象鹿之阴，故曰鹿台。今沁水县南桑林河所出之山古名鹿台山，取象与此同也。" ②㸲牛，参见南1-5注⑤。 ③䍺羊，参见西1-1注③。 ④豪，郭璞曰："狟猪也。"参见西1-8注⑩。

凫徯

【译文】再往西二百里，叫鹿台山，山上多产白玉，山下多产银。兽类多是㸲牛、䍺羊、白豪。有一种鸟，形状像雄鸡，面部像人脸，名叫凫徯，是根据它自己的叫声得名的，它的出现预示着有战争发生。

西2-8 西南二百里，曰鸟危之山[1]，其阳多磐石[2]，其阴多檀、楮[3]，其中多女床[4]。鸟危之水出焉，西流注于赤水，其中多丹粟[5]。

【注释】①鸟危之山，《五藏山经传》卷二："屈吴山之东南四十里许为道安古城，有三水合西流象鸟翼，西会玉河，又西北注消河，即首经劳水所注之赤水也。翼谓之危者，张若人升危也。" ②磐石，参见西1-4注④。 ③楮，郭璞曰："即榖木。"《山海经》中有时称榖，有时称楮，未必定指一物，译文分别保留原名。

参见南1-1注⑦。 ④女床，西2-5为山名，其他书上又为星名，然与此处女床文义俱不吻合，故郝懿行怀疑是女菀之误。女菀，又名女肠，菊科植物。而吕调阳以为"女"字篆文作𢄐，"它"篆文作𢄐，二者形近，故女床当作蛇床。蛇床，伞形科植物。按此两种植物的产地推断，我国西部有蛇床而无女菀，故以吕说为长。 ⑤丹粟，参见南2-1注⑦。

【译文】再往西南二百里，叫鸟危山，山的南面多产磬石，北面有许多檀树、楮树，其中有许多女床。鸟危水在这里发源，向西流注入赤水，水中多产丹粟。

西2-9又西四百里，曰小次之山①，其上多白玉，其下多赤铜。有兽焉，其状如猿，而白首赤足，名曰朱厌，见则大兵。

【注释】①小次之山，《五藏山经传》卷二："次同束。小次，今温泉山也。"

【译文】再往西四百里，叫小次山，山上多产白玉，山下多产赤铜。有一种兽，形状像猿，头白色，脚红色，名叫朱厌，它的出现预示着将发生大规模战争。

朱厌

西2-10又西三百里，曰大次之山①，其阳多垩②，其阴多碧③，其兽多𤏨牛④、麢羊⑤。

【注释】①大次之山，《五藏山经传》卷二："大次，在今渭源县北石井所，并以水形得名。" ②垩，郭璞曰："垩似土色，甚白。"郝懿行曰："《中山经》：'葱聋之山，多白垩，黑、青、黄垩。'明垩色非一，不独白者名垩也。"《石雅·制用》以为垩即后世瓷土，"然考其义则古人用此似以涂饰为主……三代秦汉尚未用于陶，即用之而未若后世之盛行也明矣。"对于黑、青、黄垩则更少用。下文又有"美垩"，亦指杂色垩而言。 ③碧，青碧之类，参见西3-15注②。 ④㸲牛，参见南1-5注⑤。 ⑤麢羊，参见西1-18注④。

【译文】再往西三百里，叫大次山，山的南面多产垩，北面多产碧。兽类多是㸲牛、麢羊。

西2-11又西四百里，曰薰吴之山①，无草木，多金玉。
【注释】①薰吴之山，《五藏山经传》卷二："薰，炙手也，古作'熏'。吴，音虞，哗也。山在今且隆城以西，其南洮阳诸水象火炽，其北大夏诸源象炙手也。"

【译文】再往西四百里，叫薰吴山，没有草木，多产金、玉。

西2-12又西四百里，曰厎阳之山①，其木多椶②、枏、豫章③，其兽多犀、兕④虎、豹⑤、㸲牛⑥。
【注释】①厎（zhǐ），郝懿行曰："厎当为厎字之讹。"《五藏山经传》卷二："厎同砥。砥阳，砥水之阳也。砥水在河曲北岸，今大哈柳图河也。导源小图尔根山，东流南折而西受北来二小水，又西南屈曲，西入河，其形似砥刃之状。" ②椶（jī），郭璞曰："椶似松，有刺，细理。"即杉科植物水松。 ③豫章，郭璞曰："大木，似楸，叶冬夏青，生七年而后可知也。"即樟木。一说豫是枕木,章是樟木,二者很像,要长到七年以上才能区别。 ④兕,参见南3-2注②。 ⑤狗(zhuó),郝懿行曰:"《玉篇》云:'狗,兽,豹文。'"《通雅》卷四十六:"豹亦作犳,证知狗即豹。" ⑥牸牛,参见南1-5注⑤。

【译文】再往西四百里,叫厎阳山,树木多是樱、楠和豫章。兽类多是犀、兕、虎、狗和牸牛。

西2-13又西二百五十里,曰众兽之山①,其上多琈珧②之玉,其下多檀楮,多黄金,其兽多犀、兕③。

【注释】①众兽之山,《五藏山经传》卷二:"今为阿穆尼达尔嘉山,在西宁府南二百里。" ②琈珧,参见西1-4注⑤。 ③兕,参见南3-2注②。

【译文】再往西二百五十里,叫众兽山,山上多产琈珧玉,山下有许多檀树和楮树,又多产黄金。兽类多是犀、兕。

西2-14又西五百里,曰皇人之山①,其上多金玉,其下多青雄黄②。皇水③出焉,西流注于赤水④,其中多丹粟⑤。

【注释】①皇人之山,《五藏山经传》卷二:"皇,同煌,即今之石流黄,此经所谓青雄黄也。皇人之山,今名喀尔藏岭,明《志》谓之热水山,在青海东北。" ②青雄黄,吴任臣云:"苏颂云:'阶州山中,雄黄有青黑色而坚者,名曰熏黄。'青雄黄意即此也。"《石雅·色金》:"雄黄昔以色如鸡冠为上,青者不常见,苏氏言黑色亦非专言青也,乃知青雄黄即青碧之属,状似雄黄而色青,故名;犹之青琅玕与琅玕,名同而别以色者,其物固自异也。"参见西2-4注②。 ③皇水,《五藏山经传》卷二:"凡天下温泉所出，皆煌之气也。皇水即煌水。" ④赤水，《五藏山经传》卷二："赤水即浩亹河，今名大通河，其上源曰乌兰木伦。蒙古语：乌兰，赤也；木伦，川也。" ⑤丹粟，参见南2-1注⑦。

【译文】再往西五百里，叫皇人山，山上多产金、玉，山下多产青雄黄。皇水在这里发源，向西流入赤水，水中多产丹粟。

西2-15 又西三百里，曰中皇之山①，其上多黄金，其下多蕙棠②。

【注释】①中皇之山，《五藏山经传》卷二："山在大通河北岸直肃州东南三百里阿木尼冈喀尔山之脊也，盖亦以生煌得名。"②蕙棠，郭璞曰："彤棠之属也。"彤棠即蔷薇科植物棠梨。吴任臣曰："或以为熏叶、棠梨二种。"蕙，参见西1-14注⑨。

【译文】再往西三百里，叫中皇山，山上多产黄金，山下有许多蕙和棠。

西2-16 又西三百五十里，曰西皇之山①，其阳多金，其阴多铁，其兽多麋②、鹿、柞牛③。

【注释】①西皇之山，《五藏山经传》卷二："山在今嘉峪关东五十馀里，俗呼硫磺山。" ②麋，郭璞曰："大如小牛，鹿属也。" ③柞牛，参见南1-5注⑤。

【译文】再往西三百五十里，叫西皇山，山的南面多产金，北面多产铁。兽类多是麋、鹿和柞牛。

西2-17 又西三百五十里，曰莱山①，其木多檀、楮，其鸟多罗罗，是食人。

【注释】①莱山，《五藏山经传》卷二："即阴得尔图塔拉山也。莱，草名，叶似麦，实如青珠，其根医家名麦门冬，洮水众流象之。"

【译文】再往西三百五十里，叫莱山，山中的树木多是檀树和楮树。鸟类多是罗罗，会吃人。

凡西次二经之首，自钤山至于莱山，凡十七山，四千一百四十里。其十神者，皆人面而马身。其七神皆人面牛身，四足而一臂，操杖以行：是为飞兽之神；其祠之，毛用少牢①，白菅为席。其十辈②神者，其祠之，毛一雄鸡，钤而不糈③。毛采④。

【注释】①少牢，古代祭祀，只用羊、豕称少牢。　②辈，类。其十辈神，指上述人面马身的十个神。　③钤而不糈，郭璞曰："钤，所用祭器名，所未详也。或作思训祈不糈，祠不以米。"郝懿行曰："钤疑祈之声转耳，经文祈而不糈，即祠不以米之义。思训，未详。"汪绂将郝懿行没看懂的郭注后半截稍微变动了一下，写成："或作思，犹祈也。不糈，祀不以米也。"这样，他们二人的理解实际上是一致的。④毛采，郭璞曰："言用杂色鸡也。"这段文字条理混乱，前文由十神说到七神，接着说七神的祭祀，又回头再说十神的祭祀；这里说雄鸡，插了一句"钤而不糈"之后又说雄鸡

人面马身神

人面牛身神

的毛色。

【译文】《西次二经》一组，从钤山到莱山共十七座山，四千一百四十里。山中有十个神长着人的脸、马的身子。另外七个是长着人的脸、牛的身子，四只脚、一条手臂，走的时候拿着拐杖，这是能飞的兽类之神。祭祀的礼仪为：毛物用少牢，用白菅编制的席子。那十个山神祭祀的礼仪：毛物用一只雄鸡，只祈祷而不用糈米，雄鸡的毛要杂色的。

西次三经

【题解】《五藏山经传》卷二："此经所志，今新疆乌鲁木齐以西诸山也。"

西3-1西次三经之首，曰崇吾之山①，在河之南，北望冢遂②，南望榣之泽③，西望帝之搏兽之丘④，东望螞渊⑤。有木焉，员叶而白柎⑥，赤华而黑理，其实如枳⑦，食之宜子孙。有兽焉，其状如禺⑧而文臂，豹虎⑨而善投，名曰举父⑩。有鸟焉，其状如凫⑪，而一翼一目，相得乃飞，名曰蛮蛮⑫，见则天下大水。

【注释】①崇吾之山，《五藏山经传》卷二："崇吾，阜康至济木沙诸水导源南山，北伏沙中，象崇牙也。牙、吾古音同。山今名布克达山也。"　②冢遂，《五藏山经传》卷二："碛北之拜塔克山也。"　③榣（yóu）之泽，《五藏山经传》卷二："达布逊池及西一池，象两舟相过也，汉世名为锆船也。"　④搏兽之丘，《五藏山经传》卷二："搏兽之丘即乌鲁木齐，准语谓格斗

举父

蛮蛮鸟

曰乌鲁木齐也。"准语,准噶尔语。
⑤蝘（yān）渊,《五藏山经传》
卷二："奇台东西小水二十馀,皆
北流,遇沙而伏,象群蛇也。从虫从
焉,鶠,善警蛇也。" ⑥柎（fū）,
花萼房或子房。 ⑦枳（zhǐ）,郝
懿行曰："《说文》云:'枳,木,似
橘。'《考工记》云:'橘逾淮而北,为枳。'"即芸香科植物枸橘。
⑧禺,参见南1-1注⑧。 ⑨豹虎,郝懿行曰："兹兽兼有虎豹之
体,故独被斯名。" ⑩举父,郭璞曰："或作夸父。"郝懿行曰:
"《尔雅》云:'貜,迅头。'郭注云:'今建平山中有貜,大如狗,
似猕猴,黄黑色,多髯鬣,好奋迅其头,能举石擿人,玃类也。'如郭
所说,惟能举石擿人,故经曰善投,亦因名举父。举、貜声同,故古
字通用。举、夸声近,故或作夸父。" ⑪凫,野鸭。 ⑫蛮蛮,郭璞
曰："比翼鸟也,色青赤,不比不能飞,《尔雅》作鹣鹣鸟也。"

【译文】《西次三经》一组,第一座山叫崇吾山,在
河的南面,北面是冢遂,南面是瑶之泽,西面是天帝的搏兽
丘,东面是蝘渊。有一种树,叶子是圆的,花萼是白的,红色
的花,黑色的纹理,果实像枳,吃了可以多子多孙。有一种
兽,形状像禺,前肢有花纹,身体兼有虎豹的特征,善于投
掷,名叫举父。有一种鸟,形状像野鸭,长着一只翅膀、一只
眼睛,只有得到另一半才能飞翔,名叫蛮蛮,它的出现预示
着天下将发大水。

西3-2西北三百里,曰长沙之山①。泚水②出焉,北流注
于泑③水,无草木,多青雄黄④。

【注释】①《五藏山经传》卷二："长沙，恒山以东山也，其阴多沙。" ②泚（zǐ）水，《五藏山经传》卷二："泚水即淫水，西北流折而北注淖尔，状足此戾。（此者，以足指物也。）" ③泑（yōu），郭璞曰："水色黑也。" ④青雄黄，参见西2-14注②。

【译文】往西北三百里，叫长沙山。泚水在这里发源，向北流注入泑水，山上没有草木，多产青雄黄。

西3-3　又西北三百七十里，曰不周之山①。北望诸毗之山，临彼岳崇之山，东望泑泽，河水所潜也，其原浑浑泡泡②。爰有嘉果，其实如桃，其叶如枣，黄华而赤柎，食之不劳。

【注释】①不周之山，郭璞曰："此山形有缺不周帀处，因名云。西北不周风自此山出。"《五藏山经传》卷二："不周，今博罗塔拉诸山也。萨尔巴克图河贯其中而东流，三面皆山，东南独缺，北望塔尔巴哈台山，为诸毗所自源，其东北即阿尔泰山顶也。" ②浑浑（gǔn gǔn），即滚滚，大水奔流的样子。泡泡（páo páo），急流声、水涌声。

【译文】再往西北三百七十里，叫不周山。北面是诸毗山，紧挨着岳崇山，东面是泑泽，是河水潜入地下的地方，它的源头汹涌奔腾，发出咕咕噜噜的声音。有一种好的果树，果实像桃子，叶子像枣树，花是黄色的，花萼是红的，吃了可以不知疲劳。

西3-4　又西北四百二十里，曰峚山①，其上多丹木，员叶而赤茎，黄华而赤实，其味如饴，食之不饥。丹水出焉，西流注于稷泽②，其中多白玉，是有玉膏，其原沸沸

汤汤③，黄帝是食是飨④。是生玄玉⑤。玉膏所出，以灌丹
木。丹木五岁，五色乃清，五味乃馨。黄帝乃取峚山之玉
荣⑥，而投之锺山之阳⑦。瑾瑜之玉⑧为良，坚粟⑨精密，
浊泽有而光⑩。五色发作，以和柔刚。天地鬼神，是食是
飨；君子服之，以御不祥。自峚山至于锺山，四百六十
里，其间尽泽也。是多奇鸟、怪兽、奇鱼，皆异物焉。

【注释】①峚（mì）山，密山。郝懿行曰："郭注《穆天子
传》及李善注《南都赋》、《天台山赋》引此经俱作密山，盖峚、
密古字通也。"《五藏山经传》卷二："密山，哈什河源之喀拉古颜
山也。《尔雅》：'山如堂者密。'准语谓股曰古颜，盖山形若箕股
而深黑也。"　②稷泽，郭璞曰："后稷神所凭，因名云。"　③沸沸
汤汤，郭璞曰："玉膏涌出之貌也。《河图玉版》曰：'少室山，其
上有白玉膏，一服即仙矣。'亦此类也。"　④飨（xiǎng），祭祀、
祭献。　⑤玄玉，郭璞曰："言玉膏中又出黑玉也。"　⑥玉荣，
郭璞曰："谓玉华也。"　⑦郭璞曰："以为玉种。"古代传闻玉是
可以种植的，这里描述的是黄帝种玉活动。　⑧瑾瑜之玉，《五藏
山经传》卷二："准回语皆谓玉曰哈什，蒙古曰哈斯。《西域水道
记》云：水源处涌泉成池，菹泽星布，荡而西流十馀里，布尔哈斯水
自南来汇。布尔，蒙古谓虎也。布尔哈斯言黄玉有文，即此经之瑾
瑜也。"《石雅·琳琅》以为古书上所说的"璆琳"、"琅玕"通常
并称，但《山海经》说玉颇详，却只有琅玕而不见璆琳，只《中次
九经》末有一处"璆冕舞"，于是认为"瑾瑜"就是"璆琳"，"凡
言瑾瑜，皆属西山。是瑾瑜固西方之产，与璆琳之所自出者若甚
合也。《说文》：'瑾瑜，美玉也。'郭璞注《山海经》：'瑜，美玉
名。'则与璆琳之训美玉同。《淮南子·缪称训》云：'无所用之，
碧瑜粪土也。'瑜而曰碧，与天球、碧琳之色并合；且瑾瑜与璆琳音

甚近,又似语本同源者,凡此皆足以明瑾瑜与璆琳是一非二矣。"
⑨坚粟,郭璞曰:"粟或作'栗'。玉有粟文,所谓谷璧也。"未
详。"栗"有坚硬义,坚栗即坚硬;如作粟,则文义屈曲。 ⑩浊
泽有而光,郭璞曰:"浊谓润厚。"郝懿行曰:"'有而'当为'而
有'。"

【译文】再往西北四百二十里,叫峚山,山上有许多丹
木,叶子是圆的,茎是红色的,黄色的花,红色的果实,味道
像饴糖,可以用来充饥。丹水在这里发源,向西流注入稷泽,
水中多产白玉,这里有玉膏涌出,汹涌翻腾。黄帝用它作食物
和祭祀用品。玉膏中也有黑玉。玉膏涌出浇灌了丹木,丹木长
到五年就具备了清丽的五色,芬芳的五味。于是黄帝把峚山的
玉华投到钟山的南面,瑾瑜由此生出了好品种,坚硬而细腻,
润厚而光泽,五彩焕发,可以调剂刚柔。这玉可以用作献给天
地鬼神的祭品,君子佩戴它可以抵御各种灾祸。从峚山到锺山
一共四百六十里,其间都是沼泽,那里有许多奇怪的鸟、兽和
鱼类,都是写些常罕见的物种。

西3-5又西北四百二十里,曰锺山①,其子曰鼓②,其状
如人面而龙身,是与钦䲹③杀葆江于昆仑之阳,帝乃戮
之锺山之东曰崟崖④,钦䲹化为大鹗,其状如雕而黑文
白首,赤喙而虎爪,其音如晨鹄⑤,见则有大兵;鼓亦化
为鵕⑥鸟,其状如鸱,赤足而直喙,黄文而白首,其音如
鹄⑦,见则其邑大旱。

【注释】①锺山,《五藏山经传》卷二:"伊犁河南岸自特
克斯会口以西总名曰锺山。锺,古文同鐘,两水形如寝鐘也。"
②鼓,郭璞曰:"此亦神名,名之为锺山之子耳,其类皆见《归

鼓

藏·启筮》。《启筮》曰：'丽山之子，青羽人面马身。'亦似此状也。" ③鵕，音pí。④崒（yáo）崖，吕调阳校作崒岸，《五藏山经传》卷二："瑶岸即沙拉博霍齐岭，在会口之西北临河之上。蒙古语：沙拉，月也；博霍齐，牝牛也。"⑤晨鹄，郭璞曰："鹗属，犹云晨凫耳。" ⑥鵔，音jùn。 ⑦鹄，鸿鹄，今称天鹅。

【译文】 再往西北四百二十里，叫锺山，山神的儿子名叫鼓，长着人脸和龙的身子，曾和钦鵕一起在昆仑山南杀死了葆江，于是天帝将他们杀死在锺山的东面一个叫做崒崖的地方，钦鵕化作大鹗，长得像雕，有黑色的纹理，白色的头，嘴是红色的，爪子像老虎，叫声像晨鹄，它的出现预示着有大规模的战争。鼓被杀后也化作了鵔鸟，长得像鹞鹰，脚爪是红色的，嘴是直的，有黄色的纹路，白色的头，叫声像天鹅，它的出现意味着地方上要遭遇大旱。

西3-6 又西百八十里，曰泰器之山①。观水②出焉，西流注于流沙。是多文鳐③鱼，状如鲤鱼，鱼身而鸟翼，苍文而白首，赤喙，常行西海，游于东海，以夜飞。其音如鸾鸡，其味酸甘，食之已狂，见则天下大穰④。

【注释】 ①泰器之山，《五藏山经传》卷二："泰器之山，扣肯布拉克山也。" ②观水，吕调阳校作"灌水"，《五藏山经传》卷二："灌者，溺沃之义。《西域水道记》云，山北向如张两股，正

中一泉瀚然，故曰扣肯（蒙古语谓女子）。登山西北望，苍茫郁蒸，银涛一线，即巴勒喀什淖尔也。伊犁河北岸之山，东西数百里，层冈叠阜，至此皆截然而止。山下北眺，平沙浩渺，不知其极。" ③鳐，音yáo。 ④穰（ráng），庄稼丰收。

文鳐鱼

【译文】再往西一百八十里，叫泰器山，观水在这里发源，向西流注入流沙。这里有许多文鳐鱼，长得像鲤鱼，有鱼的身体和鸟的翅膀，青黑色的纹路，白色的头，红色的嘴，经常从西海游到东海，夜里飞行，叫声像鸾鸡，味道酸中带甜，吃了它的肉可以治疗癫狂，它的出现预示着天下大丰收。

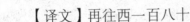 又西三百二十里，曰槐江之山①。丘时之水出焉，而北流注于泑水。其中多蠃母②，其上多青雄黄③，多藏④琅玕⑤、黄金、玉，其阳多丹粟⑥，其阴多采⑦黄金、银。实惟帝之平圃，神英招司之，其状马身而人面，虎文而鸟翼，徇⑧于四海，其音如榴。南望昆仑⑨，其光熊熊，其气魂魂⑩。西望大泽⑪，后稷所潜⑫也；其中多玉。其阴多榣木之有若⑬。北望诸毗⑭，槐鬼离仑⑮居之，鹰鹯⑯之所宅也。东望恒山⑰四成⑱，有穷鬼居之，各在一搏⑲。爰有淫水⑳，其清洛洛㉑。有天神焉，其状

蠃母

如牛，而八足二首马尾，其音如勃皇^⑫，见则其邑有兵。

【注释】①槐江之山，《五藏山经传》卷二："槐江即沙尔巴克图河，东北流注喀拉塔拉额西柯淖尔。" ②蠃母，郭璞曰："即蝶螺也。"中3-2又作"仆累"，郭注曰："蜗牛也。" ③青雄黄，参见西2-14注②。 ④藏，郝懿行曰："古字作'臧'，臧，善也。此言琅玕、黄金、玉之最善者。" ⑤琅玕，《石雅·琳琅》："即今斯璧尼石（Spinel）"，今学名尖晶石，俗称红宝石。严格意义上的红宝石应指刚玉，但红色尖晶石和刚玉外形很像，而且多在一处生成，前人没有足够的矿石知识加以区分。《石雅》又称古代名称多假借，有因形似，有因色似，绿松石形似尖晶石，故而古书中也有不少"琅玕"指绿松石而言。原文繁复，今不俱录。 ⑥丹粟，参见南2-1注⑦。 ⑦采，郝懿行曰："谓金银之有符采者。" ⑧徇，巡视。 ⑨南望昆仑，《五藏山经传》卷二："南望，谓东南也。锺山以东总曰昆仑。" ⑩"其光"两句，《五藏山经传》卷二："光、气所见指谓哈什河北岸之吉勒苏胡岭，蒙古语谓日光眩目也。"魂魂，旺盛炽烈的样子。 ⑪大泽，《五藏山经传》卷二："大泽即巴勒喀什淖尔。巴勒喀什即布尔哈斯，如云黄玉池也。此泽东西表八百馀里，南北广处二百馀里，狭处百馀里，中有三山，以其为后稷之神所潜，因名曰稷泽焉。" ⑫后稷所潜，郭璞曰："后稷生而灵知，及其终，化形遯此泽而为之神，亦犹傅说骑箕尾也。"毕沅曰："即稷泽，稷所葬也。" ⑬榣（yáo）木之有若，郭璞曰："榣木，大木也。言其上复生若木。大木之奇灵者为若，

英招

见《尸子》。" ⑭诸毗，
《五藏山经传》卷二："诸
毗，塔尔巴哈台西之阿拉克图
古勒淖尔也。"参见南2-1注
④。 ⑮离仑，郭璞曰："其
神名。" ⑯鹯（zhān），郭璞
曰："鹯亦鸥属也。" ⑰恒
山，《五藏山经传》卷二："在

天神

安阜城南，古尔班晶河所出，
北流经城西注喀拉塔拉圿西柯淖尔。" ⑱成，重、层。 ⑲各在一
搏，郭璞曰："搏犹胁也。言群鬼各以类聚，处山四胁。有穷，其总
号耳。" ⑳淫（yáo）水，《五藏山经传》卷二："淫水即古尔班晶
河，唐人名石漆河，以产石漆，故名。" 蠡 洛洛，水流下的样子。
瘑 勃皇，郝懿行曰："即发皇属。发皇，《尔雅》作'蚨蟥'，声近
字通。"蚨蟥，即金龟子。

【译文】再往西三百二十里，叫槐江山，丘时水在这里
发源，向北流注入泑水。水中有许多嬴母，山上多产青雄黄
及上好的琅玕、黄金和玉。山的南面多产丹粟，北面多产带
有符采的黄金和银。这里本是天帝的平圃，名叫英招的神负
责掌管，它长有马的身子人的面孔，身上有老虎的花纹和鸟
的翅膀，能周游四海，叫声像榴。它的南面是昆仑山，光焰万
张，云气缭绕。西面是大泽，后稷就葬在这里，其中多产玉。
山的北面有许多榣木，上面长有若木。再往北是诸毗，槐鬼
离仑住在那里，鹰鹯以此为家。东面是恒山，有四重，山的四
角分别住着有穷鬼。这里有淫水，清澈奔流。有天神，形状像
牛，八条腿、两个头，长着马的尾巴，叫声像勃皇，它的出现

意味着地方上将要发生战争。

^{西3-8}西南四百里，曰昆仑之丘①，是实惟帝之下都，神陆吾②司之。其神状虎身而九尾，人面而虎爪；是神也，司天之九部及帝之囿时③。有兽焉，其状如羊而四角，名曰土蝼，是食人。有鸟焉，其状如蜂，大如鸳鸯，名曰钦原，蠚④鸟兽则死，蠚木则枯。有鸟焉，其名曰鹑鸟⑤，是司帝之百服⑥。有木焉，其状如棠⑦，黄华赤实，其味如李而无核，名曰沙棠，可以御水，食之使人不溺。有草焉，名曰薲草⑧，其状如葵，其味如葱，食之已劳。河水⑨出焉，而南流东注于无达⑩。赤水⑪出焉，而东南流注于氾天之水。洋水⑫出焉，而西南流注于丑涂之水⑬。黑水出焉，而西流于大杅⑭。是多怪鸟兽。

【注释】①昆仑之丘，《五藏山经传》卷二："昆仑之丘在今绥来县南，其北为玛纳斯河所出。河中产玉，黝碧而文，璞大者重数十斤，禁人盗采，故名玛纳斯。准噶尔语玛纳，巡逻也。" ②陆吾，郭璞曰："即肩吾也。庄周曰：'肩吾得之，以处大山'也。"郝懿行曰："郭说见《庄子·大宗师篇》；《释文》引司马彪云：'山神不死，至孔子时。'" ③"司天"句，郭璞曰："主九域之部界、天帝苑圃之时节也。" ④蠚（hē），指某些动物用毒刺刺其他动物。 ⑤鹑鸟，郝懿行曰："凤也。《海内西经》云'昆仑开明西北皆有凤皇'，此是也。《埤雅》引师旷《禽经》曰：'赤凤谓之鹑。'"

陆吾

土蝼、钦原

⑥服，郭璞曰："器服也。一曰，服，事也。" ⑦棠，棠梨，蔷薇科植物。 ⑧蘋（pín），水生植物名，后写作"萍"或"苹"，有时分指两物，有时混用。这里用来表示特定的草名。 ⑨河水，《五藏山经传》卷二："河水即博尔图河，出山之东南阿尔辉山，南流，东出山至托克逊军台而伏，故曰无达。" ⑩无达，郭璞以为是山名，郝懿行进而指出是《水经注》上说的阿耨达山。汪绂以为是泽名。而吕调阳在上注中只说明为什么叫无达，并未指明无达是什么。 ⑪赤水，《五藏山经传》卷二："赤水，即乌兰乌苏河，出山之西南，东流经山前三哈布齐峡之北，至登努勒台，会阿尔辉西谷水，又南会三哈布齐水，入裕勒都斯，又东南注博斯滕淖尔，即氾天之水。" ⑫洋水，《五藏山经传》卷二："即空吉斯河，出裕勒河源之西，在南名乌拉哈达岭，西北流至锺山之东，特克斯河自西东迳山南来会。" ⑬丑涂之水，《五藏山经传》卷二："又西北哈什河自东北来会，即丑涂之水，又名丹水。""丑涂犹列涂，哈什源处尽泽，淖滑难行，故得名焉。" ⑭大杆（yú），郭璞曰："山名也。"吕调阳以为即渤泽，《五藏山经传》卷二："哈什之东为三，喀喇乌苏即黑水，并西北流合注喀喇塔拉额西柯淖尔，即渤泽，名大杆者，池形象盘杆。"

【译文】再往西南四百里，叫昆仑丘，这里就是天帝的下都，名叫陆吾的神是主管。这个神长着老虎的身子，有九条尾巴，有人的脸和老虎的爪子。这个神掌管天上的九部和天帝苑囿的时节。有一种兽，形状像羊，有四个角，名叫土蝼，能吃人。有一种鸟，形状像蜂，大小和鸳鸯差不多，名叫钦原，鸟兽被它蛰了会死，草木被它蛰了就枯萎。又有一种鸟，名叫鹑鸟，掌管天帝的各种服饰器物。有一种树，形状像棠，花是黄色的，果实是红色的，味道像李子但没有核，名叫沙棠，这东西可以防水，吃了它可以使人不会淹死。有一种草名叫薲草，形状像葵，味道像葱，吃了它可以消除疲劳。河水在这里发源，向南流注入无达。赤水在这里发源，向东南流注入氾天之水。洋水在这里发源，向西南流注入丑涂之水。黑水在这里发源，向西流注入大杅。这里有很多奇怪的鸟兽。

西3-9 又西三百七十里，曰乐游之山。桃水①出焉，西流注于稷泽，是多白玉。其中多𩶃鱼②，其状如蛇而四足，是食鱼。

𩶃鱼

【注释】①桃水，《五藏山经传》卷二："桃水今名洮赖图河。"②𩶃，音huá。

【译文】再往西三百七十里，叫乐游山。桃水在这里发源，向西流注入稷泽，这里多产白玉。水中有许多𩶃鱼，形状像蛇，有四只脚，能吃鱼。

西3-10 西水行四百里，曰流沙，二百里至于嬴母之

山①，神长乘司之，是天之
九德也②。其神状如人而
豹③尾。其上多玉，其下多
青石而无水。

长乘

【注释】①嬴母之山，
《五藏山经传》卷二："伊犁
河自巴克岭出山，两岸皆沙，
北岸水草俱无，南岸虽有水
泉，无寸草，故须水行。今自车里克河口西至库鲁图河口二百六十
馀里，即经云'四百里'也。又南经流沙百三十馀里抵山，东当库
鲁图之隩，西当哈什塔克河之隈，即经云'二百里至于嬴母之山'
也。嬴母者，车里克西诸水象嬴形，最西库鲁图哈什二水象嬴臄
也。" ②"是天"句，郭璞曰："九德之气所生。"意在强调并非长
乘即天之九德。 ③豹，参见西2-12注⑤。

【译文】沿水西行四百里是流沙，再二百里就到了嬴母
山，由名叫长乘的神主管，他是天的
九德之气所生。长乘神形状像人，长
着豹的尾巴。山上多产玉，山下多产
青石，但没有水。

西王母

西3-11 又西三百五十里，曰玉
山①，是西王母所居也。西王母其
状如人，豹尾虎齿而善啸，蓬发戴
胜②，是司天之厉及五残③。有兽
焉，其状如犬而豹文，其角如牛，
其名曰狡，其音如吠犬，见则其国

狡

大穰。有鸟焉，其状如翟^④而赤，名曰胜^⑤遇，是食鱼，其音如录^⑥，见则其国大水。

【注释】①玉山，郭璞曰："此山多玉石，因以名云。《穆天子传》谓之群玉之山。"《五藏山经传》卷二："玉山，哈什塔克山也，为哈什塔克河所出，东北入伊犁河，又北百里注巴勒喀什淖尔。"　②胜，郭璞曰："玉胜也。"古代一种妇女的头饰。　③厉及五残，郝懿行曰："皆星名也。"二者都是古代天文书上记载的代表凶兆的星。　④翟，参见西2-5注④。　⑤胜（qīng），写作胜，不是"勝"的简体字。　⑥录，参见中5-2注⑨。

【译文】再往西三百五十里，叫玉山，这里是西王母居住的地方。西王母长得像人，有豹的尾巴、虎的牙齿，善于长啸，头发蓬乱，上面有玉石的装饰物，它主管天上的凶星厉和五残。有一种兽，形状像狗而有豹一样的花纹，角像牛，名字叫狡，叫声像狗叫，它的出现预示着该国将大丰收。有一种鸟，形状像翟，但是红色的，名叫胜遇，能吃鱼，叫声像录，它的出现意味着该国会发大水。

胜遇

西3-12　又西四百八十里，曰轩辕之丘^①，无草木。洵水^②出焉，南流注于黑水，其中多丹粟^③，多青雄黄^④。

【注释】①轩辕之丘，郭璞曰："黄帝居此丘，娶西陵氏女，因号轩辕丘。"《五藏山经传》卷五："河套之北自博托河以东皆曰轩辕之丘,河流象轩辕也。" ②洵(xún),《五藏山经传》卷五："洵水四水均列,象赴公旬者均地就役也,其水皆南入河,东南会黛山湖水,湖之上源即哈拉乌苏也。"公旬,劳役。 ③丹粟,参见南2-1注⑦。 ④青雄黄,参见西2-14注②。

【译文】再往西四百八十里,叫轩辕丘,没有草木。洵水在这里发源,向南流注入黑水,水中多产丹粟,又多产青雄黄。

西3-13 又西三百里,曰积石之山①,其下有石门,河水冒②以西流。是山也,万物无不有焉。

【注释】①积石之山,《五藏山经传》卷五:"今河滩北之阿尔坦托辉,《汉》志所谓阳山,《穆天子传》所谓阳纡之山。积石阜在西南,北河迳其西,屈西南与南二枝会,所谓冒以西流也。"②冒,覆盖,笼罩。

【译文】再往西三百里,叫积石山,山下有石门,河水从它上面向西流。这座山上什么都有。

西3-14 又西二百里,曰长留之山①,其神白帝少昊②居之。其兽皆文尾,其鸟皆文首。是多文玉石③。实惟员神魂④氏之宫。是神也,主司反景⑤。

神魂氏

【注释】①长留之山,《五藏山经传》卷二:"伊犁塔勒奇城北百里有谷曰果子沟,长七十里,为伊犁驿程所经,岭上出泉,南会众流出。山曰乌里雅苏图,水峡流迅急,跨桥四十有二,故长留所由纳称也。" ②少昊,上古帝王,名挚,号金天氏。传说死后为西方之神,按五行说,西方为白,故称白帝。 ③文玉石,《石雅·辨疑》以为文玉石即文石,参见北1-1注⑤、西4-3注②。 ④员神郝懿行曰:"盖即少昊也。"磈,音wěi。 ⑤反景,夕阳返照。

【译文】再往西二百里,叫长留山,山神白帝少昊在这里居住。山上的兽尾巴都有花纹,鸟头上都有花纹。山上多产文玉石。这里又是员神磈氏的住处。这个神主管夕阳返照。

西3-15又西二百八十里,曰章莪之山①,无草木,多瑶碧②。所为甚怪③。有兽焉,其状如赤豹,五尾一角,其音如击石,其名如狰。有鸟焉,其状如鹤,一足,赤文青质而白喙,名曰毕方,其鸣自叫也,见则其邑有讹火④。

【注释】①章莪(é)之山,吕调阳校作"章我之山",《五藏山经传》卷二:"章我,察林河口以东山也。河自特克斯河北岸

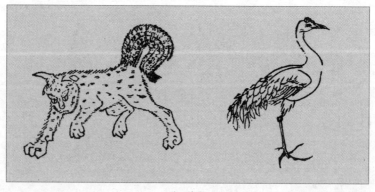

狰、毕方

山阴西流,环屈而北而东,又东北分二支入伊犁河,合南所受水视之,象鹙鸟仰立侧目之形,故名章莪。古错革鸟于旗章,故谓之章,经中诸漳水皆取象鹙鸟也。我同俄,侧首也。" ②瑶碧,郭璞曰:"碧亦玉属。"《石雅·琳琅》:"是郭氏不明瑶碧与青碧之别矣。案青碧,今石青之属,与瑶分言之,则明别于瑶,亦单称碧。如《淮南子·墬形训》云'碧树、瑶树在其北'是也。若合言之曰瑶碧,即玛瑙之为碧色者。《淮南子·泰族训》云'瑶碧玉珠'是也。"参见西2-4注②。 ③所为甚怪,郭璞曰:"多有非常之物。" ④讹火,怪火,或指磷火。

【译文】再往西二百八十里,叫章莪山,没有草木,多产瑶碧。山上有许多奇怪的东西。有一种兽,形状像赤豹,有五条尾巴一个角,叫声像敲打石头,名字叫如狰。有一种鸟,形状像鹤,一只脚,青色身体上有红色纹路,嘴是白色的,名叫毕方,是根据它自己的叫声得名的,它的出现预示着地方上会有怪异的火灾。

西3-16 又西三百里,曰阴山。浊浴之水①出焉,而南流注于蕃泽,其中多文贝②。有兽焉,其状如狸而白首,名曰天狗,其音如榴榴,可以御凶。

【注释】①浊浴之水,《五藏山经传》卷二:"蒙古语谓牲畜粪曰和尔郭斯。有和尔郭斯河,出槐江源之南曰松山,南流注伊犁河,又西车集河、齐齐罕河并南流遇沙而伏,又西曰撒玛勒河,曰奎屯河,皆南流达苇荡。又西曰图尔根河,南流达小苇

天狗

荡,诸水并秽恶不可食,故曰浊浴之水。阴山即图尔根源之都兰哈喇山,蕃泽即苇荡也。小泽在西北二十馀里,周三十馀里,大泽东西百八十馀里,南北八十馀里,中有洲方四五十里,有陇亩遗迹,盖古浊繇氏所国也。” ②文贝,即紫贝,贝科动物的壳。

【译文】再往西三百里,叫阴山。浊浴水在这里发源,向南流注入蕃泽,水中多文贝。有一种兽,形状像狸,头是白色的,名叫天狗,叫声像榴榴,可以防御凶灾。

西3-17 又西二百里,曰符惕之山①,其上多棕、枏,下多金、玉,神江疑居之。是山也,多怪雨,风云之所出也。

神江疑

江疑

【注释】①惕(yáng),郝懿行曰:“《艺文类聚》二卷、《太平御览》九卷及十卷并引此经作‘符阳之山’,与今本异。”《五藏山经传》卷二:“伊犁河自察林河口西北流百馀里,得巴克岭,连山百里,至车里克河口,即符阳之山也。巴克,回语谓丛林也。车里克河即符水,山在其东,故曰符阳。符者,水形似剖竹也。”

【译文】再往西二百里,叫符惕山,山上多棕树和枏树,山下多产金、玉,叫江疑的神住在这里。这里经常下怪雨,是风云的发源地。

西3-18 又西二百二十里,曰三危之山①,三青鸟②居之。是山也,广员百里。其上有兽焉,其状如牛,白身四角,其豪如披蓑③,其名曰徽㺍④,是食人。有鸟焉,一首而三身,其状如鹨⑤,其名曰鸱。

徽㺍

【注释】①三危之山,《五藏山经传》卷二:"山在今绥来县西南二百里,有和尔郭斯河、车集河、察罕河三水合为一北流,阿什木河合四水自西南来会,又北出山口,分为三,北入苇泽而止,象三鸟翼,故曰三危。自此西逾黑水,皆古三危戎地。" ②三青鸟,郭璞曰:"主为西王母取食者,别自栖息于此山也。" ③蓑,用草或棕制成的防雨用具。 ④徽㺍,音ào yē。 ⑤鹨(luò),郭璞曰:"鹨似鵰,黑文赤颈。"

【译文】再往西二百二十里,叫三危山,三青鸟住在这里。这座山方圆百里,山上有一种兽,形状像牛,白色的身体,四只角,身上的刺像披着蓑衣,名字叫徽㺍,会吃人。有一种鸟,一个头三个身体,形状像鹨,名字叫鸱。

西3-19 又西一百九十里,曰騩山①,其上多玉而无石。神耆童②居之,其音常如钟磬③。其下多积蛇。

耆童

【注释】①騩山,《五藏山经传》卷二:"騩山,昌吉县南之孟克图岭及其西之呼图必山也,有罗克伦河、呼图必河并北流而会,又西北合南来诸水注额彬格逊池,象騩形,故名呼图必,言有鬼也。"参见西1-19注①。　②耆童,郭璞曰:"老童,颛顼之子。"　③郝懿行曰:"此亦天授然也,其孙长琴所以能作乐风,本此。亦见《大荒西经》。"乐风,乐曲。荒西-9说老童的孙子长琴创造了乐曲,所以郝懿行认为从他爷爷老童开始就"音如钟磬",很有音乐天赋。当然,这种对神话的联想性注释对阅读只能起增加趣味的辅助作用,下文多有此类,不再一一说明。

【译文】再往西一百九十里,叫騩山,山上多产玉而没有石头。名叫耆童的神住在这里,它的声音通常像钟磬一样。山下有许多盘叠的蛇。

西3-20 又西三百五十里,曰天山①,多金玉,有青雄黄②。英水③出焉,而西南流注于汤谷④。有神焉,其状如黄囊,赤如丹火⑤,六足四翼,浑敦无面目,是识歌舞,实为帝江也。

【注释】①天山,《五藏山经传》卷二:"当西域东西之中,小裕勒都斯河所出也。"　②青雄黄,参见西2-14注②。　③英水,《五藏山经传》卷二:"山名阿勒坦阴克逊,金水出其北,西流屈而西南,注大裕勒都斯。形仰,故亦名英水。"参见南1-8注⑤。　④汤谷,《五藏山经传》卷二:"大裕勒源鄂敦库尔岭有温泉,准部时石甃犹存。河东流,南受特尔默哈达布拉克水,又受布兰布拉克水,故名汤谷。"　⑤"其状"两句,郭璞曰:"体色黄而精光赤也。"黄、

帝江

赤二色同时出现，故郭璞为之疏通。汪绂则将"黄囊"改作"革囊"，不知所据。

【译文】再往西三百五十里，叫天山，山上多产金、玉，有青雄黄。英水在这里发源，向西南流注入汤谷。有一个山神，身体像黄色的布口袋，发出红色的光，有六只脚、四个翅膀，面部混沌一片分辨不出五官，它能歌善舞，其实就是帝江。

西3-21又西二百九十里，曰泑山①，神蓐收②居之。其上多婴短之玉③，其阳多瑾瑜之玉④，其阴多青雄黄⑤。是山也，西望日之所入，其气员⑥，神红光⑦之所司也。

【注释】①泑山，《五藏山经传》卷二："长沙西北也。泑山因泽纳称。在晶河口不周支麓尽处。" ②蓐（rù）收，郭璞曰："亦金神也，人面、虎爪、白尾，执钺，见《外传》云。"按五行说，西方属金，白色。上文西3-14少昊也是西方金神。 ③婴短之玉，参见西1-10注⑤。 ④瑾瑜之玉，参见西3-4注⑧。 ⑤青雄黄，参见西2-14注②。 ⑥其气员，俞樾《读山海经》曰："此当作'其气员员'。古书重文每于字下作二小画识之，传写脱去耳。上文于槐江之山曰'南望昆仑，其光熊熊，其气魂魂'，此云员员，犹魂魂也。员、魂古字通。" ⑦红光，郝懿行曰："盖即蓐

蓐收

收也。"

【译文】再往西二百九十里，叫泑山，名叫蓐收的神在这里居住。山上多产婴短玉，山南面多产瑾瑜玉，北面多产青雄黄。这座山的西面就是日落的地方，所以那里的气象旺盛炽烈，由名叫红光的神主管。

西3-22西水行百里，至于翼望之山①，无草木，多金玉。有兽焉，其状如狸，一目而三尾，名曰讙②，其音如夺百③声，是可以御凶，服之已瘅④。有鸟焉，其状如乌，三首六尾而善笑，名曰鵸鵌⑤，服之使人不厌⑥，又可以御凶。

【注释】①翼望之山，《五藏山经传》卷二："由泽中行也。

泽自西南而东北，其形斜长而东南凸出，南北广八十里，东西百五十里，肖杆，侈其口，口向西北，喀喇乌苏入其东，萨尔巴克图河入其西，晶河入其西南，自东视之象仆死者屈臂而垂其首，故曰敦薨。自西视之，又象偃寝者据掌而仰其首，故曰翼望也。翼者，震子之义。山在萨尔巴克河口也。"震子，娠子。参见南1-3注⑤。 ②讙，音huān。 ③夺百，郭璞曰："言其能作百种物声也。或曰，夺百，物名，亦所未详。" ④瘅（dàn），郭璞曰："黄瘅病也。"今写作黄疸。 ⑤鵸鵌，音qí tú。 ⑥厌（yǎn），恶梦。

【译文】沿水路西行一百里，就到了翼望山，这里没有草木，多产金、玉。有一种兽，形状像狸，一只眼睛、三条尾

讙

巴，名叫譄，叫声像弃百声，可以抵御
凶灾，吃了它的肉可以治疗黄疸病。
有一种鸟，形状像乌鸦，三个头、六条
尾巴，常常发出笑声，名叫鹧鹈，吃了
它的肉可以使人不做恶梦，也可以抵
御凶灾。

鹧鹈

凡西次三经之首，崇吾之山至
于翼望之山，凡二十三山，六千七百四十四里。其神状
皆羊身人面。其祠之礼，用一吉玉①瘗，糈用稷②米。

羊身人面神

【注释】①吉玉，郭
璞曰："玉加采色者也。"
②稷，五谷之一，即粟。

【译文】《西次三
经》一组，从崇吾山到翼望
山，一共二十三座山，六千
七百四十四里。山神都是羊
的身体、人的面孔。祭祠的
礼仪为：埋一块吉玉，精米
用粟米。

西次四经

【题解】吕调阳说见《西山经》题解。

^西4-1西次四经之首，曰阴山^①，上多谷^②，无石，其草多茆、蕃^③。阴水出焉，西流注于洛。

【注释】①阴山，《五藏山经传》卷二："以阴水名，今澄城县西南挪铃泉也，其北亦有甘泉，与雕阴之甘泉同名，故旧说或指雕山为阴山矣。" ②谷，参见南1-1注⑦。 ③茆（mǎo）、蕃，郭璞曰："茆，凫葵也；蕃，青蕃，似莎而大。"郝懿行曰："茆见陆机《诗疏》云：'江南人谓之蓴菜。'《说文》云：'茆，凫葵也。'"

【译文】《西次四经》一组，第一座山叫阴山，山上有许多穀树，没有石头，草多是茆和蕃。阴水在这里发源，向西流注入洛水。

^西4-2北五十里，曰劳山，多茈草^①。弱水^②出焉，而西流注于洛。

【注释】①茈，通紫。郝懿行曰："茈草即紫草。"紫草科植物。 ②弱水，《五藏山经传》卷二："弱同溺。溺水即甘泉，西南流会阴水注洛。"

【译文】往北五十里，叫劳山，山上有许多茈草。弱水在这里发源，向西流注入洛水。

西4-3西五十里，曰罢父之山。洱水①出焉，而西流注于洛，其中多茈②、碧③。

【注释】①洱水，《五藏山经传》卷二："山在澄城东北，其水曰大谷河，即洱水也，南流西注洛，形如珥。" ②茈，郝懿行曰："茈、碧二物也。茈即茈石。"《石雅·琳琅》论紫石英："古时亦称茈石，或作芘石。《山海经·北山经》之首曰单狐之山，逢水出焉，其中多芘石、文石。《中次六经》娄涿之山，陂水出其阴，其中多茈石、文石。郝懿行疏曰：芘当为茈。茈，古字叚借为紫也。《本草别录》云紫石华一名茈石华。《盐铁论》云周人以紫石，即茈石矣。案郝说是也。《山海经》茈每作芘，如《南山经》洵山，洵水出焉，其中多芘蠃。郭璞曰，紫色蠃也。《太平御览》引此经芘作茈。又《东山经》竹山，激水出焉，其中多茈蠃，亦正作茈，而蠃当为蠃。然则芘石即茈石亦即紫石，明矣。经每言茈石与文石同产，则亦当与文石同属，盖物以类聚，石亦然也。《本草纲目》谓玛瑙一名文石，今紫石英与玛瑙质皆近似，则茈石之为紫石英又审矣。" ③碧，青碧之类，参见西3-15注②。

【译文】往西五十里叫罢父山。洱水在这里发源，向西南流注入洛水，水中多产茈和碧。

西4-4北百七十里，曰申山①，其上多谷②、柞③，其下多杻、橿④，其阳多金、玉。区水⑤出焉，而东流注于河。

【注释】①申山，《五藏山经传》卷二："申山在洛川县东五十里，有丹阳水东流，又东北右合朱砂岭水，两川若垂绅之厉，

故名。"厉,腰带下垂。 ②谷,参见南1-1注⑦。 ③柞,参见西
1-13注③。 ④杻橿,参见西1-7注①。 ⑤区水,《五藏山经
传》卷二:"又东北银川水合众流自西北来会,总名曰区水也。"

【译文】往北一百七十里,叫申山,山上有许多榖树和
柞树,山下有许多杻、橿,山的南面多产金、玉。区水在这里
发源,向东流注入河。

西4-5 北二百里,曰鸟山①,其上多桑,其下多楮,其阴
多铁,其阳多玉。辱水②出焉,而东流注于河。

【注释】①鸟山,《五藏山经传》卷二:"甘泉县东北有野
猪歧泉水,西有甘泉水,东有准利川水交会于洛,象飞鸟形。鸟山
即野猪歧山也。" ②辱水,《五藏山经传》卷二:"浊筋河出其东
北,北会延水,东流注河,即辱水也。"

【译文】往北二百里,叫鸟山,山上有许多桑树,山下
有许多楮树,山的北面多产铁,南面多产玉。辱水在这里发
源,向东流注入河。

当扈

西4-6 又北百二十里,曰上
申之山①,上无草木,而多硌
石②,下多榛楛③,兽多白鹿。
其鸟多当扈,其状如雉,以其
髯④飞,食之不眴目⑤。汤水⑥
出焉,东流注于河。

【注释】①上申之山,《五
藏山经传》卷二:"上申与天带义
同。"参见西1-15注①。 ②硌

（luǒ），大石头。　③楛（hù），郭璞曰："榛子似栗而小，味美。楛木可以为箭。"李时珍《本草纲目》卷三十六："牡荆，有青赤二种。青者为荆，赤者为楛，嫩条皆可为笞箠。古者贫妇以荆为钗，即此二木也。"牡荆，马鞭草科植物。　④髯，郭璞曰："咽下须毛也。"髯本指人的胡须、颊毛，这里是说鸟的相应部位的毛，故郭璞特为指出。　⑤眴同瞬，眴目即瞬目，眨眼。　⑥汤水，《五藏山经传》卷二："银川两源所发，即汤水也。"

【译文】再往北一百二十里，叫上申山，上面没有草木，但有许多大石头，下面有许多榛和楛。兽类多是白鹿。鸟类多是当扈，形状像雉，用它脖子下面的毛飞，吃了它的肉可以不眨眼。汤水在这里发源，向东流注入河。

西4-7 又北百八十里，曰诸次之山①，诸次之水出焉，而东流注于河。是山也，多木无草，鸟兽莫居，是多众蛇②。

【注释】①诸次之山，《五藏山经传》卷二："延安府北神木山也，有雷公川东南合潘陵川南入延水而东注河，即诸次水。"②多众蛇，俞樾《读山海经》："毕氏校正曰：'《水经注》引经作"象蛇"，当为"众蛇"。其地无象。'愚按毕说误也。象蛇乃鸟名，《北山经》阳山'有鸟焉，其状如雌雉，而五采以文，是自为牝牡，名曰象蛇'，亦即是鸟。毕氏误以象蛇为二物，遂以其地无象谓当为众蛇，既云多，又云众，不辞矣。"《五藏山经传》卷二："山之西即大虫岭，所谓'多象蛇'也。象蛇，即巴蛇也。"

【译文】再往北一百八十里叫诸次山，诸次水在这里发源，向东流注入河。这座山有许多树木但没有草，鸟兽都不住在这里，有许多象蛇。

西4-8 又北百八十里，曰号山，其木多漆、棕，其草多药、蘼、芎䓖①。多泠石②。端水③出焉，而东流注于河。

【注释】①药蘼（xiāo）芎䓖（xiōng qióng），郭璞曰："药，白芷别名。蘼，香草也。芎䓖一名江蓠。"《广雅·释草》："白芷，其叶谓之药。"王念孙疏证："芷与茞古同声，芷即茞也。《说文》云：'茞，蘼也。''楚谓之蓠，晋谓之蘼，齐谓之茞。'"故药、蘼同指伞形科植物白芷。芎䓖指伞形科植物川芎。　②泠（gàn），郝懿行曰："《说文》泠字作淦，云泥也，艺石质柔软如泥者，今水中土中俱有此石也。"《石雅·辨疑》列举《山海经》中所有泠石、冷石、涂石的相关条目及各家注，并曰："上述诸说，郭氏辨其字而未详其义，毕、郝二氏并引《说文》，渐由字之义以推及其物矣。顾其说亦有异同，于今思之，泠、淦古通，泠、涂字异而义同，一物数名，古当有之，不必为淦之讹也。冷与泠字为近，古或并作泠，《水经注》引经亦作泠石，疑即冷石，亦即滑石也。"　③端水，吕调阳校作"湍水"，《五藏山经传》卷二："湍水，今秀延河，出安定县西北之灌清谷，即号山。号，湍注声也。"

【译文】再往北一百八十里，叫号山，树木多漆树和棕树，草多药、蘼和芎䓖。有许多泠石。端水在这里发源，向东流注入河。

西4-9 又北二百二十里，曰盂山，其阴多铁，其阳多铜，其兽多白狼白虎，其鸟多白雉白翟①。生水②出焉，而东流注于河。

【注释】①白翟，郭璞曰："或作'白翠'。"郝懿行曰："雉、翟一物二种，经'白翟'当为'白翠'。"参见西2-5注④。②生水，《五藏山经传》卷二："他克拉布河出榆林府西六十里，

南流右受二水,其西北有哈柳
图河,亦南流右受三水,并注
西拉乌苏东南入河,两水并象
艹苗之形,故曰生水。"

【译文】再往北二百
二十里,叫孟山,山的北面
多产铁,南面多产铜。兽类

白虎

多是白狼、白虎,鸟类多是白雉、白翟。生水在这里发源,向
东流注入河。

西4-10西二百五十里,曰白於之山①,上多松柏,下多
栎②、檀,其兽多㸲牛③、羬羊④,其鸟多鸮⑤。洛水出于其
阳,而东流注于渭;夹水出于其阴,东流注于生水。

【注释】①白於之山,《五藏山经传》卷二:"号山西也,
洛正源所出也。人寐目上反谓之白。白於,洛源诸水象死鸟仰卧
也。洛本作雒,水又象鸟被啄仰地急鸣也。" ②栎,郭璞曰:"栎
即柞。" ③㸲牛,参见南1-5注⑤。 ④羬羊,参见西1-1注③。
⑤鸮,郭璞曰:"鸮似鸠而青色。"参见西1-17注⑤。

【译文】往西二百五十里,叫白於山,山上有许多松、
柏,山下有许多栎和檀。兽类多㸲牛和羬羊,鸟类多是鸮。
洛水在它的南面发源,向东流注入渭水;夹水在它的北面发
源,向东流注入生水。

西4-11西北三百里,曰申首之山①,无草木,冬夏有
雪。申水出于其上,潜于其下,是多白玉。

【注释】①申首之山,郝懿行曰:"《艺文类聚》二卷、《太

平御览》十二卷并引此经作由首。"《五藏山经传》卷二："由首，由水之首也。今水名把都河，北流出塞，潴为通哈拉克池，所谓出于其上，潜于其下也。墨室之穴谓之由，绳之所自出也。此池及水形似之。把都，一作巴图，蒙古语，坚实也。"墨室，即墨斗的主体部分。

【译文】往西北三百里，叫申首山，没有草木，冬天夏天都有雪。申水在它上面发源，然后在它下面流淌，这里多产白玉。

西4-12 又西五十五里，曰泾谷之山①，泾水出焉，东南流注于渭，是多白金、白玉。

【注释】①泾谷之山，《五藏山经传》卷二："山在定边县南天池铺，泾水正源所发。"

【译文】再往西五十五里，叫泾谷山，泾水在这里发源，向东南流注入渭水，这里多产白金和白玉。

西4-13 又西百二十里，曰刚山①，多柒木②，多琘珸③之玉。刚水④出焉，北流注于渭。是多神魃⑤，其状人面兽身，一足一手，其音如钦⑥。

神魃

【注释】①刚山，《五藏山经传》卷二："山在庆阳府铁边城西北。"②刚水，《五藏山经传》卷二："有铁边河南会泾水东南注渭，即刚水也。"③柒木，汪绂曰："柒即'漆'字。"郝懿行认为柒别是一种树木的名字，但没有说明理由。④琘珸，参见西1-4注⑤。

⑤魈，同魑，音chī。　⑥钦，郭璞曰："钦亦吟字假音。"郝懿行曰："《说文》云'钦，欠兒'，盖人呵欠则有音声也。"

蛮蛮

【译文】再往西一百二十里，叫刚山，有许多柒木，多产琈珬玉。刚水在这里发源，向北流注入渭水。这里有许多神魈，长着人面兽身，只有一只脚、一只手，声音像打呵欠。

西4-14 又西二百里，至刚山之尾①，洛水②出焉，而北流注于河。其中多蛮蛮，其状鼠身而鳖首，其音如吠犬。

【注释】①刚山之尾，《五藏山经传》卷二："刚山之尾在今山城驿。"　②洛水，《五藏山经传》卷二："有水西北流，右合二水至惠安盐池入清水河，即洛水。《水经注》谓之肥水，有惠安堡盐捕通判，即三水县故城也。水有肥可然，故名洛。洛，古酪字，煮豆汁也。"

【译文】再往西二百里，就到了刚山的尾端，洛水在这里发源，向北流注入河。水中有许多蛮蛮，身体像老鼠，头像鳖，叫声像犬吠。

西4-15 又西三百五十里，曰英鞮之山①，上多漆木，下多金玉，鸟兽尽白。涴水②出焉，而北注于陵羊之泽。是多冉遗之鱼，鱼身蛇首六足，其目如马耳，食之使人不眯③，可以御凶。

【注释】①英鞮（dī）之山，吕调阳校作"英提之山"，《五藏山经传》卷二："山在固原州南张义堡，首山之北峰也。清水河数源合北流，象提物屈中两指之状，故曰英提，曰浼。英，央也；宛，曲也。"见中10-1。　②浼，音yuān。　③眯，袁珂《山海经校注》曰："郝懿行云：'《说文》云："眯，艸入目中也。"'珂案：此固眯之一义，然以此释此经之眯，则未当也。'艸入目中'，偶然小事，勿用服药；即令服药，亦何能'使人不眯'？《庄子·天运篇》云：'彼不得梦，必且数眯焉。'《释文》引司马彪云：'眯，厌也。'厌，俗作'魇'，即厌梦之义：此经文眯之正解也，与下文'可以御凶'之义亦合。西次三经翼望之山鵸鵌，'服之使人不厌'，郭注云：'不厌梦也。'山经凡言'不眯'，均当作此解。"此说截取自段玉裁《说文解字注》癙字注。引前人旧说不注明出处已然不合规范，又截取段氏所用材料强解"眯"字为梦魇则更是生造字义。眯字在这里确当释作梦魇更为合理，然而并非这个字固有其义。段玉裁明言"癙，古多假借眯为之"，《山海经》中的"眯"也可视为"癙"的通假字，癙的字义才是"寐而厌也"。厌、魇二字又是正体、俗体的关系，今多用后者，所以今天可用"做恶梦"来解释"眯"。

【译文】再往西三百五十里，叫英鞮山，山上多漆树，山下多产金、玉，鸟兽都是白色的。浼水在这里发源，向北流注入陵羊泽。这里有许多冉遗鱼，长着鱼的身体、蛇的头和六只脚，它的眼睛像马耳，吃了它的肉可以使人不做恶梦，也可以抵御凶灾。

西4-16 又西三百里，曰中曲之山①，其阳多玉，其阴多雄黄②、白玉及金。有兽焉，其状如马而白身黑尾，一角，虎牙爪，音如鼓音，其名曰駮③，是食虎豹，可以御兵。有木焉，其状如棠④，而员叶赤实，实大如木瓜，名曰櫰⑤木，食之多力。

駮

【注释】①中曲之山，《五藏山经传》卷二："中曲，今会宁县东鸦岔山也。响水河即虎尾山水环其三面如筐曲，故名。" ②雄黄，《石雅·乐石》："即今称鸡冠石是也。今亦有名雄黄者，乃即古之雌黄。" ③駮，音bó。 ④棠，参见西3-8注⑦。 ⑤櫰，音huái。

【译文】再往西三百里叫中曲山，山的南面多产玉，北面多产雄黄、白玉和金。有一种兽，形状像马，白身黑尾，有一只角和老虎的爪牙，叫声像敲鼓，名字叫駮，能吃虎豹，可以抵御刀兵之灾。有一种树，形状像棠，叶子是圆的，果实是红的，大小像木瓜，名叫櫰木，吃了可以使人更有力气。

西4-17又西二百六十里，曰邽山①。其上有兽焉，其状如牛，猬毛，名曰穷奇，音如獆狗②，是食人。濛水③出焉，南流注于洋水，其中多黄贝④、蠃鱼，鱼身而鸟翼，音如鸳鸯，见则其邑大水。

【注释】①邽（guī）山，《五藏山经传》卷二："今宁远西南老君山，即古西倾山也。""邽从跬省，顷而履植，似圭也；五交谷水，

穷奇

赢鱼

象人顷跌形也。" ②獒，同嗥。獒狗在其他书中罕有记载，当是指豺狼一类经常嗥叫的犬科动物。 ③濛水，《五藏山经传》卷二："濛水即西汉水，东南会乌油江、嘉陵江，南注白水，水西出岷山，与大江源近，番人名祥楚河，即洋水也。""蒙，蔽翳也。山丹、渭水、藉水、乌油、白龙众流环西汉水，如人翳木间也。" ④黄贝，郭璞曰："贝，甲虫，肉如科斗，但有头尾耳。"

【译文】再往西二百六十里，叫邽山。山上有兽，形状像牛，长着刺猬一样的硬毛，名叫穷奇，叫声像獒狗，能吃人。濛水在这里发源，向南流注入洋水，水中有许多黄贝、赢鱼，身体像鱼，有鸟一样的翅膀，叫声像鸳鸯，它出现意味着地方上会发大水。

西4-18 又西二百二十里，曰鸟鼠同穴①之山，其上多白虎、白玉。渭水出焉，而东流注于河。其中多鳋鱼②，其状如鳝鱼③，动则其邑有大兵。滥④水出于其西，西流注于汉水。多鮤鮕⑤之鱼，其状如覆铫⑥，鸟首而鱼翼鱼尾，音如磬石⑦之声，是生珠玉。

【注释】①鸟鼠同穴，郭璞曰："今在陇西首阳县西南，山有鸟鼠同穴，鸟名曰鵨，鼠名曰鼵。鼵如人家鼠而短尾，鵨似燕而黄色。穿地入数尺，鼠在内，鸟在外而共处。孔氏《尚书传》曰，共为雌雄；张氏《地理记》云，不为牝牡也。"清徐松《西域水道记》卷五："（赛喇木淖尔东北）有鸟鼠同穴者，鼠如常鼠，鸟长尾绿身，如鹊而小。黎明，鸟先出翱翔，鼠蹲穴口顾望，渐走平地，

鸟来集鼠背，张翼以噪，鼠往
返驰而鸟不坠，良久乃已。是
即《尔雅》鵌鼵。" ②鰠，音
sāo。 ③鳣（zhān），郭璞曰：
"鳣鱼，大鱼也，口在颔下，
体有连甲也。"即鲟科动物鳇
鱼。参见东3-6注②。 ④滥

鸟鼠同穴

（jiàn）水，《五藏山经传》卷二："今水出石井所，西北流至旧临
洮府城北，西入洮，即此经云汉水也。" ⑤絮魮，音rú pí。 ⑥铫
（yáo），今读diào，一种带柄有嘴的小锅。 ⑦磬石，参见西1-4注
④。

【译文】再往西二百二十里，叫鸟鼠同穴山，山上有许
多白虎、白玉。渭水在这里发源，向东流注入河。水中多鰠
鱼，形状像鳣鱼，这种鱼外出活动预示着地方上会有大规模
战争。滥水在它的西面发源，向西流注入汉水。水中多絮魮
鱼，形状像倒扣着的铫子，长有鸟的头和鱼鳍、鱼尾，叫声像
磬石发出的声音，能产珠玉。

鰠鱼、絮魮鱼

西4-19西南三百六十里，曰崦嵫①之山，其上多丹木，其叶如谷②，其实大如瓜，赤符③而黑理，食之已瘅④，可以御火。其阳多龟，其阴多玉。苕水⑤出焉，而西流注于海⑥，其中多砥砺⑦。有兽焉，其状马身而鸟翼，人面蛇尾，是好举人，名曰孰湖。有鸟焉，其状如鸮⑧而人面，蜼⑨身犬尾，其名自号也，见则其邑大旱。

【注释】①崦嵫（yān zī），郭璞曰："日没所入山也。"《五藏山经传》卷二："崦嵫，今玉门县南昌马山也。"　②谷，参见南1-1注⑦。　③符，毕沅曰："借为柎也。"　④瘅，参见西3-22注④。　⑤苕水，《五藏山经传》卷二："昌马河出其北，分流数十里复合，象苕陵，故曰苕水。"参见南2-7注④。　⑥海，《五藏山经传》卷二："又西凡六百馀里注哈拉淖尔，即此经所云海。"⑦砥砺，郭璞曰："磨石也。精为砥，粗为砺也。"　⑧鸮，参见西1-17注⑤。　⑨蜼（wèi），郭璞曰："猕猴属也。"参见中9-7注⑤。

【译文】往西南三百六十里，叫崦嵫山，山上有许多丹木，叶子像榖树，果实大如瓜，红色的花萼，有黑色的纹理，吃了可以治疗黄疸，可以防火。山的南面有许多龟，北面多产玉。苕水在这里发源，向西流注入大海，水中多砥砺。有一种兽，长着马的身体又有鸟的翅膀、人的面孔、蛇的尾巴，喜欢把人举起来，名叫孰湖。有一种鸟，形状像猫头鹰，长着人的面孔，身体像蜼，尾巴像狗，它

熟湖

的名字是根据叫声得来得，它的出现预示着地方上将遭遇大旱。

凡西次四经自阴山以下，至于崦嵫之山，凡十九山，三千六百八十里。其神祠礼，皆用一白鸡祈。糈以稻米，白菅为席。

【译文】《西次四经》一组，从阴山到崦嵫山，一共十九座山，三千六百八十里。祭祀山神的礼仪为：都用一只白鸡祈祷。精米用稻米，用白菅编的席子。

人面鸮

右西经之山，凡七十七山，一万七千五百一十七里。

【译文】以上是《西山经》的内容，一共七十七座山，一万七千五百一十七里。

卷三 北山经

北山经

【题解】《五藏山经传》卷三："此经所志,今山西涑川以北、河水以东诸山也。涑水古名杠水,其北源曰边水,并西南流合涑泽水与浍水南枝会。涑泽一名少泽,故陂在今闻喜县东北二十五里。闻喜即晋曲沃也。涑水流至县南,左会沙渠水即逢水,少南右会野狐泉水即泺水,又西南百三十馀里,至虞乡县西北注五姓湖,与夏县水会,即三经之教水。此湖《水经》谓之张杨池,即下文云栎泽也。"

北1-1北山经之首,曰单狐之山①,多机木②,其上多华草。逢水③出焉,而西流注于涑水,其中多芘石④文石⑤。

【注释】①单狐之山,《五藏山经传》卷三："单狐之山即三经所云发丸之山,在教山北并中条枝阜,教水出其阳,西南流,沙渠水出其阴,西北会涑水,亦西南流,并注栎泽。合两水视之,象弹者摄丸之形,故曰发丸。北受栎水象狐首,此水象狐鸣,故曰单狐。单,鸣也。" ②郭璞曰:"机木似榆,可烧以粪稻田,出蜀中。"杨慎云:"即今之棞也。"棞木,桦木科植物。 ③逢(féng)水,《五藏山经传》卷三:"涑水诸源自东北来象蜂形,著于狐首之上,故曰逢水。逢者人与蜂遇也。" ④芘石,参见西4-3注②。

⑤文石，《石雅·辨疑》："意文石必非专指一物，乃泛称石之多文者，而其用之也至普。""于今考之，其足当文石之称者略有三焉：一为玛瑙，一为大理石，又一为麻石之属是也。"文石为玛瑙之说，参见西4-3注②，而其馀二说所举例证均不涉及《山海经》。

【译文】《北山经》一组，第一座山叫单狐山，山上有许多机木，也有许多华草。逢水在这里发源，向西流注入泑水，水中多产芘石和文石。

北1-2又北二百五十里，曰求如之山①，其上多铜，其下多玉，无草木。滑水②出焉，而西流注于诸毗之水③。其中多滑鱼，其状如鳝④，赤背，其音如梧⑤，食之已疣⑥。其中多水马，其状如马，文臂⑦牛尾，其音如呼⑧。

【注释】①求如之山，《五藏山经传》卷三："浍水自翼城南六源合北流屈而西，东二源西流经翼城南北来会，象扰取者曲其掌，故山曰求如。求、捄也。"扰取，舀取。　②滑水，《五藏山经传》卷三："又西枝津南注泑泽，象滑稽之状，故曰滑水。"参见西1-19注②。　③诸毗之水，《五藏山经传》卷三："其正流西注汾，汾自泰泽以南谓之诸毗之水也。"参见南2-1注③。　④鳝，郭璞曰："鳝鱼似蛇。"也写作䱇，即鳝，合鳃鱼科动物，俗称黄鳝。⑤梧，郝懿行曰："义当如据梧之梧。《庄子·齐物论篇·释文》引司马彪云：'梧，琴也。'崔譔云：'琴瑟也。'"　⑥疣，皮肤病，症状是皮肤上出现跟正常的皮肤颜色相同的或黄褐色的突起，一个或多个，表面干燥而粗糙，不疼不痒，好发于

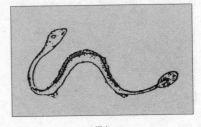

滑鱼

面部和手背。　⑦臂，郭璞曰："前脚也。"　⑧呼，郝懿行曰："谓马叱吒也。"

【译文】再往北二百五十里，叫求如山，山上多产铜，山下多产玉，没有草木。滑水在这里发源，向西流注入诸毗水。水中有许多滑鱼，形状像鳝，背部红色，叫声像琴声，吃了它的肉可以治疗疣子。水中有许多水马，形状像马，前腿有花纹，尾巴像牛，叫声像马打鼻。

北1-3　又北三百里，曰带山①，其上多玉，其下多青碧②。有兽焉，其状如马，一角有错③，其名曰䑏④疏，可以辟火。有鸟焉，其状如乌，五采而赤文，名曰鵸䳜，是自为牝牡，食之不疽⑤。彭水出焉，而西流注于芘湖⑥之水，其中多儵⑦鱼，其状如鸡而赤毛，三尾、六足、四首，其音如鹊，食之可以已忧。

【注释】①带山，《五藏山经传》卷三："带山，王屋北山也。黑水河西南流，环曲西北，南受二水，象彭腹缓带之形，故曰带山，曰彭水。"王屋山在北3-8。　②青碧，参见西2-4注②。③一角有错，汪绂曰："言角有甲如错。"郝懿行曰："《说文》云：厝，厉石也；引《诗》'他山之石，可以为厝'。今《诗》通作错。"　④䑏，音huān。⑤疽（jū），局部皮肤肿胀坚硬的毒疮。　⑥芘（bì）湖，《五藏山经传》卷三："重匕曰比，叶相比曰芘。芘湖之水盖即百金泊，在平阳府东十里，

䑏疏

鹠鶒、鯈鱼

与府西之平湖两两相比也。" ⑦鯈，音tiáo。

【译文】再往北三百里，叫带山，山上多产玉，山下多产青碧。有一种兽，形状像马，有一只角，角上还有错，名叫䑏疏，可以防火。有一种鸟，形状像乌鸦，体色五采而有红色纹路，名叫鹠鶒，这种鸟可以自己交配繁殖，吃了它的肉可以治疗毒疮。彭水在这里发源，向西流注入芘湖水，水中多鯈鱼，形状像鸡，红毛、三条尾巴、六只脚、四个头，叫声像鹊，吃了它的肉可以消除忧愁。

北1-4 又北四百里，曰谯明之山①，谯水②出焉，西流注于河。其中多何罗之鱼，一首而十身，其音如吠犬，食之已痈③。有兽焉，其状如貆④而赤豪，其音如榴榴，名曰孟槐，可以御凶。是山也，无草木，多青雄黄⑤。

【注释】①谯（qiáo）明之山，《五藏山经传》卷三："谯通焦。焦明之山，今宁乡县东南焦山，即《汉书·地理志》西河郡之蔺县，有火井祠火从地出者也。" ②谯水，《五藏山经传》卷三："南川河导源西

何罗鱼

孟槐

北,流至永宁州西南,北川东川两水合而南流来会,名三川河。又西至上平关,北注于河,即焦水也。"③痈,肿疡。一种皮肤和皮下组织的化脓性炎症,多发于颈、背,常伴有寒热等全身症状,严重者可并发败血症。 ④狟(huán),郭璞曰:"狟,豪猪也。"参见西1-8注⑩。⑤青雄黄,参见西2-14注②。

【译文】再往北四百里,叫谯明山,谯水在这里发源,向西流注入河。水中有许多何罗鱼,一个头十个身子,叫声像犬吠,吃了它的肉可以治疗肿疡。有一种兽,形状像豪猪,但刺是红的,叫声像榴榴,名叫孟槐,可以抵御凶灾。这座山没有草木,多产青雄黄。

北1-5又北三百五十里,曰涿光之山①,嚣水②出焉,而西流注于河。其中多鰼鰼③之鱼,其状如鹊而十翼,鳞皆在羽端,其音如鹊,可以御火,食之不痒④。其上多松柏,其下多棕榌⑤,其兽多麢羊⑥,其鸟多蕃。

鰼鰼

【注释】①涿光之山,吕调阳校作"逐犬之山",《五藏山经传》卷三:"洞涡水盖本作狪猧水,出乐平州判西之斗泉山,即嚣水,西北流合寿水,又西南受大小涂水,诸水象犬见逐反噬之状,故曰狪猤,曰逐犬之山。" ②嚣水,《五藏山经传》卷三:"其水又西南受象谷水,西会汾水注河。汾水自此以下名嚣水也。" ③鳎,音zhě。④瘅,参见西3-22注④。 ⑤橿,参见西1-7注①。 ⑥麢羊,参见西1-18注④。

【译文】再往北三百五十里,叫涿光山,嚣水在这里发源,向西流注入河。水中多鳎鳎鱼,形状像鹊,有十个翅膀,鳞片都长在羽毛的末端,叫声像鹊,可以防火,吃了它的肉可以预防黄疸。山上有许多松、柏,山下有许多棕、橿。兽类多麢羊,鸟类多蕃。

北1-6 又北三百八十里,曰虢山①,其上多漆,其下多桐椐②,其阳多玉,其阴多铁。伊水出焉,西流注于河。其兽多橐驼③,其鸟多寓④,状如鼠而鸟翼,其音如羊,可以御兵。

【注释】①虢(guó)山,《五藏山经传》卷三:"虢,虎食兽遗其皮也。山在方山镇西临县东,曰连枝山,有水三源合西北流折而西而西南,北合数水,西南入河,象委皮爪足狼籍之形,又象道殣之状,故曰虢山、曰伊水。伊,死人也。"参见中2-9注③。②椐(jū),郭璞曰:"椐,樻木,肿节中杖。"后世手杖中有"灵寿杖"十分有名,据说是用"灵寿木"制成,于是又有人认为所谓灵寿木就是《山海经》里的椐。汉朝又因灵寿木的传说,特地在河北置灵寿县,当地一些树木也被指为灵寿木,也就成了"椐"。但这些说法

寓

本来互有出入，不足以作为指认此树的依据。　③橐驼，郭璞曰："有肉鞍，善行流沙中，日行三百里，其负千斤，知水泉所在也。"即骆驼。　④寓，郝懿行曰："《方言》云：'寓，寄也。'《尔雅》有寓属，又有寓鼠曰嗛，此经寓鸟，盖蝙蝠之类。"

【译文】再往北三百八十里，叫虢山，山上有许多漆树，山下有许多桐和椐，山的南面多产玉，北面多产铁。伊水在这里发源，向西流注入河。兽类多是橐驼，鸟类多是寓，形状像鼠，长有鸟的翅膀，叫声像羊，可以抵御兵灾。

北1-7　又北四百里，至于虢山之尾①，其上多玉而无石。鱼水②出焉，西流注于河，其中多文贝③。

【注释】①虢山之尾，《五藏山经传》卷三："虢山北也。山在神池县西南，即管涔西麓。"　②鱼水，《五藏山经传》卷三："鱼水即六涧河，两源象鱼尾，西合五水象翅足也。"　③文贝，参见西3-16注②。

【译文】再往北四百里，就到了虢山的尾端，山上多产玉，但没有石头。鱼水在这里发源，向西流注入河，水中有许多文贝。

耳鼠

北1-8　又北二百里，曰丹熏之山①，其上多樗②柏，其草多韭䪥③，多丹腹④。熏水出焉，而西流注于棠水⑤。有兽焉，其状如鼠，而菟⑥首麋身，其音如獆犬，以其尾飞，名曰耳鼠，食之不睬⑦，又可以御百毒。

【注释】①丹熏之山，《五藏山经传》卷三："丹熏盖即赤红山，在兴县南，其水今亦名南川河，西北流注蔚。"　②樗，参见西1-8注③。　③薤（xiè），《玉篇·韭部》："薤，俗作'薤'。"百合科植物，其鳞茎即藠头。　④丹雘，参见南3-9注②、西2-4注②。　⑤棠水，《五藏山经传》卷三："汾水即棠水。"　⑥菟，通兔。　⑦脒（cǎi），郭璞曰："脒，大腹也，见《神苍》。"

【译文】再往北二百里，叫丹熏山，山上有许多樗、柏，草多是韭、薤，又多产丹雘。熏水在这里发源，向西流注入棠水。有一种兽，形状像鼠，长有兔子的头、麋鹿的身体，叫声像獋犬，用尾巴飞行，名叫耳鼠，吃了它的肉可以预防肚子鼓胀，又可以抵御各种毒物。

北1-9　又北二百八十里，曰石者之山①，其上无草木，多瑶碧②。泚水③出焉，西流注于河。有兽焉，其状如豹，而文题④白身，名曰孟极，是善伏，其鸣自呼。

【注释】①石者之山，吕调阳校作"根耆之山"，《五藏山经传》卷三："山在岢岚州东南，漪水源也。木根旁鼠曰耆，通'鬐'，漪水数源西北流象之。"　②瑶碧，参见西3-15注②。③泚水，《五藏山经传》卷三："又西经岢岚州南，西注于河，亦象足此戾，故曰泚水。"参见西3-2注②。　④题，额。

【译文】再往北二百八十里，叫石者山，山上没有草木，多产瑶碧。泚水在这里发源，向西流注入河。

孟极

有一种兽，形状像豹，额头有花纹，身体是白色的，名叫孟极，善于潜伏，它的名字是据自己的叫声得来的。

北1-10又北百一十里，曰边春之山①，多葱、葵、韭、桃、李。杠水出焉，而西流注于泑泽。有兽焉，其状如禺②而文身，善笑，见人则卧③，名曰幽鹅④，其鸣自呼。

【注释】①边春之山，《五藏山经传》卷三："涑水源也。"②禺，参见南1-1注⑧。 ③见人则卧，郭璞曰："言佯眠也。"④鹅，音è。

幽鹅

【译文】再往北一百一十里，叫边春山，多葱、葵、韭、桃、李。杠水在这里发源，向西流注入泑泽。有一种兽，形状像禺，身上有花纹，特别爱笑，看见人就假装睡觉，名叫幽鹅，它的名字是据自己的叫声得来的。

北1-11又北二百里，曰蔓联之山①，其上无草木。有兽焉，其状如禺而有鬣，牛尾、文臂、马蹄，见人则呼，名曰足訾，其鸣自呼。有鸟焉，群居而朋飞②，其毛如雌雉，名曰鵁③，其鸣自呼，食之已风。

【注释】①蔓（wàn）联之山，《五藏山经传》卷三："蔓联，漱水，形如联蔓也。在浮山县南。" ②朋，同、一起。 ③鵁（jiāo），与南3-2的鸡不同，古称鹭科动物池鹭为鵁鹕，又是另一种鸟。

【译文】再往北二百里，叫蔓联山，山上没有草木。有一种兽,形状像禺,脖子上有鬃毛,长着牛的尾巴、前肢有花纹、蹄子像马,看见人就叫,名叫足訾,它的名字是据自己的叫声得来的。有一种鸟,成群生活,一起飞翔,毛像雌雉,名叫𪇗,它的名字也是据自己的叫声得来的。吃了它的肉可以治疗风症。

足訾

北1-12 又北百八十里,曰单张之山①,其上无草木。有兽焉,其状如豹而长尾,人首而牛耳,一目,名曰诸犍,善吒②,行则衔其尾,居则蟠其尾。有鸟焉,其状如雉,而文首、白翼、黄足,名曰白鵺③,食之已嗌④痛,可以已痸⑤。栎水出焉,而南流注于杠水。

【注释】①单张之山,《五藏山经传》卷三:"张义同长。张者,弦弓也。长,木工垂墨举左掌也。野狐泉三水合南流象之,故山得名。" ②吒(zhà),吆喝。 ③鵺,音yè。 ④嗌(ài),郭璞曰:"咽也。《谷梁传》曰:'嗌不容粒。'今吴人呼咽为嗌。"

诸犍、白鵺

⑤瘈（chì），癫狂病。

【译文】再往北一百八十里，叫单张山，山上没有草木。有一种兽，形状像豹，尾巴很长，长着人的头和牛的耳朵，一只眼，名叫诸犍，常常发出吚喝声，行走时叼着自己的尾巴，停下来就把尾巴盘起来。有一种鸟，形状像雉，头上长着花纹，白色的翅膀，黄色的脚，名叫白鵺，吃了它的肉可以治疗咽喉痛，也可以治疗癫狂症。栎水在这里发源，向南流注入杠水。

北1-13 又北三百二十里，曰灌题之山①，其上多樗②柘，其下多流沙，多砥③。有兽焉，其状如牛而白尾，其音如訆④，名曰那父。有鸟焉，其状如雌雉而人面，见人则跃，名曰竦斯，其鸣自呼也。匠韩之水⑤出焉，而西流注于泑泽，其中多磁石⑥。

【注释】①灌题之山，《五藏山经传》卷三："浍水北流西屈象题，东源出翼城东三十馀里中卫镇北高山，西流注之当其屈处，故曰题灌，因以名山也。"题，额。　②樗，参见西1-8注③。③砥，参见西4-19注⑦。　④訆（jiào），大呼。　⑤匠韩之水，《五藏山经传》卷三："浍交象斫木之柿，故曰匠。东源象桔槔之摇，故曰韩。"柿，削斫的木片；韩，原义为水井周围的栏圈。⑥磁石，《石雅·杂金》："磁石亦称磁君，一名处石，亦曰熁铁石，今又通称磁铁，盖名石而实铁也。"

竦斯

【译文】再往北三百二十里，叫灌题山，山有许上多樗和柘,山下有许多流沙,又有许多砥。有一种兽,形状像牛,尾巴是白色的,叫声像人呼叫,名叫那父。有一种鸟,形状像雌雉,长有人一样的脸,看见人就跳,名叫竦

那父

斯,它的名字是据叫声得来的。匠韩水在这里发源,向西流注入泑泽,水中多产磁石。

^{北1-14}又北二百里,曰潘侯之山①,其上多松、柏,其下多榛、楛②,其阳多玉,其阴多铁。有兽焉,其状如牛,而四节生毛,名曰旄牛③。边水出焉,而南流注于栎泽。

【注释】①潘侯之山,《五藏山经传》卷三:"潘,潘也,淅米以掌摩挲之也。山在边春西北,当求如水之下,故曰潘。潘侯如云成侯,古潘国所在也。《春秋传》晋有潘父,盖食邑于潘也。"②榛、楛,参见西4-6注③。 ③旄牛,参见南1-5注⑤。

【译文】再往北二百里,叫潘侯山,山上有许多松、柏,山下有许多榛、楛,山的南面多产玉,北面多产铁。有一种兽,形状像牛,四肢关节上都长有长毛,名叫旄牛。边水在这里发源,向南流注入栎泽。

^{北1-15}又北二百三十里,曰小咸之山①,无草木,冬夏有雪。

【注释】①小咸之山,《五藏山经传》卷三:"山盖葫芦泉所

出，在岚县西北。”

【译文】再往北二百三十里，叫小咸山，没有草木，无论冬夏都有雪。

长蛇

北1-16北二百八十里，曰大咸之山①，无草木，其下多玉。是山也，四方，不可以上。有蛇名曰长蛇，其毛如彘豪，其音如鼓柝②。

【注释】①大咸之山，《五藏山经传》卷三：“今岚县南七十馀里有石楼山，山之西曰方山镇，盖即大咸之山。”②柝（tuò），古代巡夜人敲以报更的木梆。

【译文】往北二百八十里，叫大咸山，没有草木，山下多产玉。这座山四方形，不能上去。有蛇名叫长蛇，长着像猪鬃一样的硬毛，叫声像更夫敲梆子。

北1-17又北三百二十里，曰敦薨之山①，其上多棕、枏，其下多茈草②。敦薨之水出焉，而西流注于泑泽。出

赤鲑

于昆仑之东北隅，实惟河原。其中多赤鲑③，其兽多兕④、旄牛⑤，其鸟多鸤鸠⑥。

【注释】①敦薨之山，《五藏山经传》卷二：“亦昆仑西也。以大形言之，则在东北。敦薨之水即黑水，注泽象死人顿伏形。《书》言导黑水至于三危，

入于南海，盖重源再发于卫藏之喀喇乌苏，流为梁州之黑水，是与济溢为荥、汉漾为潜、汾出东西皆脉水而知之，非臆度也。黑水亦名河者，重源远出，同为呵之义也。” ②茈草，参见西4-2注①。 ③鲑（guī），郭璞曰：“今名鯸鲐为鲑鱼。”《尔雅翼》卷二十九：“鯢，今之河豚，状如科斗，腹下白，背上青黑有黄文。一名鯸鲐。” ④兕，参见南3-2注②。 ⑤旄牛，参见南1-5注⑤。⑥鸤鸠，参见西1-12注④。

【译文】再往北三百二十里，叫敦薨山，山上有许多棕树和柟树，山下有许多茈草。敦薨之水在这里发源，向西流注入泑泽。再从昆仑山的东北角流出，成为河的源头。水中多赤鲑，兽类多兕和旄牛，鸟类多鸤鸠。

北1-18又北二百里，曰少咸之山[①]，无草木，多青碧[②]。有兽焉，其状如牛，而赤身、人面、马足，名曰窫窳[③]，其音如婴儿，是食人。敦水出焉，东流注于雁门之水[④]，其中多鯆鯆之鱼[⑤]，食之杀人。

【注释】①少咸之山，《五藏山经传》卷三：“少咸，兴安之首，潦水所源，在克什克屯部蒙古之西。潦水即潢水，今名西拉木伦，皆取污潦为义，汉人作辽，非也。” ②青碧，参见西2-4注②。③窫窳，音yà yǔ。 ④雁门之水，郭璞曰：“水出雁门山间。”《五藏山经传》卷三：“雁门指谓今山海关。雁门之水即《汉》志之龙鲜水，出关北二百五十里，在喀刺沁中旗南，名老哈河。” ⑤鯆（bèi），《本

窫窳

草纲目》卷四十四："河豚，《北山经》名鲐鱼。"毕沅曰："即鲖鱼也，一名江豚。"二说不同，未详孰是。

【译文】再往北二百里，叫少咸山，没有草木，多产青碧。有一种兽，形状像牛，有着红色的身体、人一样的脸面、马蹄一样的脚，名叫窫窳，叫声像婴儿啼哭，会吃人。敦水在这里发源，向东流注入雁门水，水中有许多鲐鲐鱼，吃了会毒死人。

北1-19 又北二百里，曰狱法之山①。瀤泽之水②出焉，而东北流注于泰泽。其中多鱮鱼③，其状如鲤而鸡足，食之已疣④。有兽焉，其状如犬而人面，善投，见人则笑，其名山犟⑤，其行如风，见则天下大风。

【注释】①狱法之山，《五藏山经传》卷三："狱法，今平山也。在平阳府治临汾县西南八里，平水出而东北流至城西五里，潴为平湖。" ②瀤（huái）泽之水，《五藏山经传》卷三："汾水枝津入焉，溢而西南入襄陵县界，分为数渠下流，经城北及城西，东入于汾，即此经瀤泽之水，东北注泰泽者也。瀤泽以泽名水，即泰泽也。" ③鱮，音zǎo。 ④疣，参见北1-2注⑥。 ⑤犟，音huī。

鱮鱼、山犟

【译文】再往北二百里，叫狱法山。瀤泽水在这里发源，向东北流注入泰泽。水中有许多䲱鱼，形状像鲤鱼，有鸡一样的脚，吃了它的肉可以治疗疣子。有一种兽，形状像狗，有人一样的脸，善于投掷，看见人就笑，名叫山𤝻，走起路来像一阵风，它一出现天下就会刮大风。

北1-20 又北二百里，曰北岳之山①，多枳、棘②、刚木③。有兽焉，其状如牛而四角、人目、彘耳，其名曰诸怀，其音如鸣雁，是食人。诸怀之水出焉，而西流注于嚣水，其中多鮨鱼④，鱼身而犬首，其音如婴儿，食之已狂。

【注释】①北岳之山，《五藏山经传》卷三："太岳山也。在赵城县东北五十里，亦曰霍太山，盖古之北岳。"　②棘，指酸枣树，也泛指有刺的树木。　③刚木，郭璞曰："檀柘之属。"《说文》："桢，刚木也。"段玉裁注："此谓木之刚者曰桢，非谓木名也。"古无树木名"刚木"，故段玉裁特为注明，中9-4郭璞注"楢曰刚木"，与此同。　④鮨，音yì。

诸怀、鮨鱼

【译文】再往北二百里，叫北岳山，山上有许多枳、棘和硬木。有一种兽，形状像牛，有四只角、人一样的眼睛、野猪一样的耳朵，名叫诸怀，叫声像大雁，会吃人。诸怀水在这里发源，向西流注入嚣水，水中有许多鮨鱼，长着鱼的身体和狗的头，叫声像婴儿啼哭，吃了它的肉可以治疗狂病。

北1-21 又北百八十里，曰浑夕之山①，无草木，多铜玉。嚣水②出焉，而西北流注于海③。有蛇一首两身，名曰肥遗，见则其国大旱。

【注释】①浑夕之山，吕调阳校作"浑多之山"，《五藏山经传》卷三："浑多，以水名山，言浮沤流转也。" ②嚣水，《五藏山经传》卷三："水即图尔根河，其上源曰喀喇乌苏，蒙古谓水流迅急为图尔根，故曰嚣水。" ③海，《五藏山经传》卷三："海即黛山湖。"

肥遗

【译文】再往北一百八十里，叫浑夕山，没有草木，多产铜和玉。嚣水在这里发源，向西北流注入大湖。有一种蛇，一个头两个身体，名叫肥遗，它一出现国内就会大旱。

北1-22 又北五十里，曰北单之山①，无草木，多葱韭。

【注释】①北单之山，《五藏山经传》卷三："鼓堆泉水出其上。清浊二源，一南流，一北流，并东折而合，南注于汾，象张口形。"

【译文】再往北五十里,叫北单山,那里没有草木,有许多葱、韭。

北1-23又北百里,曰䍙差之山①,无草木,多马。

【注释】①䍙差之山,《五藏山经传》卷三:"牧马堡在大同府西北,西临长城,曰马市楼口,即䍙差之山也。"

【译文】再往北一百里,叫䍙差山,没有草木,有许多马。

北1-24又北百八十里,曰北鲜之山①,是多马。鲜水出焉,而西北流注于涂吾之水。

【注释】①北鲜之山,《五藏山经传》卷三:"鲜,生鱼也。山在平鲁县西南,对鱼水及鲜于之水而言,故曰北鲜。其水今名兔毛河,二源合北流,屈而东北而北,受西一小水,又北少东,至朔平府城西南受东西二水,又迳城西少屈西北,受东一水,西北至杀虎口,西出边注于乌蓝木伦河,即余吾之水。"

【译文】再往北一百八十里,叫北鲜山,那里有许多马。鲜水在这里发源,向西北流注入涂吾水。

北1-25又北百七十里,曰堤山①,多马。有兽焉,其状如豹而文首,名曰狕②。堤水出焉,而东流注于泰泽,其中多龙龟。

【注释】①堤山,《五藏山经传》卷三:"山在汾西县西凤头镇,轰涧河所出,水形象穿梁,即春秋晋高梁之墟也。其西北即饮马山,故曰多马。" ②狕:音yǎo。

【译文】再往北一百七十里,叫堤山,有许多马。有一

种兽，形状像豹，头上有花纹，名叫狍。堤水在这里发源，向东流注入泰泽，水中有许多龙龟。

狍

凡北山经之首，自单狐之山至于堤山，凡二十五山，五千四百九十里，其神皆人面蛇身。其祠之，毛用一雄鸡彘瘗，吉玉用一珪，瘗而不糈。其山北人，皆生食不火之物。

【译文】《北山经》一组，从单狐山到堤山，一共二十五座山，五千四百九十里，山神都是人面蛇身。祭祀的礼仪为：毛物埋一只雄鸡和一头猪，吉玉用一块珪，只埋祭物不用精米。这些山以北的人都不用火，吃生的东西。

北次二经

【题解】《五藏山经传》卷三："此经所志，自今永定河源以北迄黑龙江源诸山也。"

北2-1北次二经之首，在河之东，其首枕汾，其名曰管涔之山。其上无木而多草，其下多玉。汾水①出焉，而西流注于河。

【注释】①汾水，《五藏山经传》卷三："汾有南、北二水，南汾即今汾河，北汾即灰水，东北合漯水始名桑乾水，今名永定河也。汾，分也；涔，潜也。管涔源与朔州泉潜通如管也。山即天池南脊。"

【译文】《北次二经》一组，在河水的东面，前半部分紧挨着汾水，名叫管涔山。山上没有树木，有许多草，山下多产玉。汾水在这里发源，向西流注入河。

北2-2又西二百五十里，曰少阳之山，其上多玉，其下多赤银①。酸水②出焉，而东流注于汾水，其中多美赭③。

【注释】①赤银，郭璞曰："银之精也。"《石雅·色金》："案银色赤者，今非无之，如深红银矿、淡红银矿之类。然赭为铁类，其色若朱，故俗称铁朱，银之下不当有赭，则赤银非银也。然则何者为近？曰当与今之赤铁矿为近。赤铁与赭每生一处，如木之同根、水之同源也。而赤铁亦易化为赭，如子育母，青出于蓝也，其泽光莹可鉴，仿佛若银，赤银之名或原于此，盖亦以贱拟贵之例也。" ②酸水，《五藏山经传》卷三："酸水即朔州泉，今俗误指为桑乾泉者是也。" ③赭，暗红色土石，一般多指含铁的氧化物。郭璞曰："《管子》曰：'山上有赭者，其下有铁。'"

【译文】再往西二百五十里，叫少阳山，山上多产玉，山下多产赤银。酸水在这里发源，向东流注入汾水，水中多产漂亮的赭。

北2-3又北五十里，曰县雍之山①，其上多玉，其下多铜，其兽多闾②麋，其鸟多白翟③、白鵺④。晋水⑤出焉，而东南流注于汾水。其中多紫鱼⑥，其状如儵⑦而赤麟，其音如叱，食之不骄⑧。

【注释】①县雍之山，吕调阳校作"县甕之山"，《五藏山经传》卷三："县甕即洪涛山，洪源七轮如县甕。" ②闾，郭璞曰："闾即羭也，似驴而岐蹄，角如麢羊，一名山驴。《周书》曰：'北唐以闾。'亦见《乡射礼》。" ③白翟，参见西2-5注④。 ④白鵺（yǒu），郭璞曰："即白鷗也。"郝懿行曰："白鵺即白鷩"，参见西1-14注⑦。 ⑤晋水，《五藏山经传》卷三："其水东南流至马邑乡西潴为金龙池，象鸟首出于穴，故名晋水。（古作叕，从○，穴也。

闾

从两至，审所集也。）"审字义未详。《说文》以"至"为飞鸟下地的象形，故谓"晋"为二鸟头探出巢穴的象形。　⑥鱃鱼，参见南2-7注⑤。　⑦儵，郭璞曰："小鱼曰儵。"郝懿行曰："儵、鲦字通。"鲦即鲤科动物白鲦。　⑧骄，郭璞曰："或作'骚'，骚臭也。"郝懿行曰："骚臭盖即蕴羝之疾，俗名狐骚也。"

【译文】再往北五十里，叫县雍山，山上多产玉，山下多产铜。兽类多闾和麋，鸟类多白翟、白鹎。晋水在这里发源，向东南流注入汾水。水中有许多鱃鱼，形状像儵，但鳞是红色的，叫声像呵叱，吃了它的肉不生狐臭。

北2-4　又北二百里，曰狐岐之山①，无草木，多青碧②。胜水③出焉，而东北流注于汾水，其中多苍玉。

【注释】①狐岐之山，《五藏山经传》卷三："山在今大同府左云县西南，即古武州县。武州川水两源翼导，俱发一山，东北流又东合漯水，南注于汾，其形肖狐而源有两岐，故曰狐岐。"　②青碧，参见西2-4注②。　③胜水，《五藏山经传》卷三："胜读如朕，水形象覆舟视其朕也。"朕，船上裂缝。　④苍玉，参见西1-8注⑦。

【译文】再往北二百里，叫狐岐山，没有草木，多产青碧。胜水在这里发源，向东北流注入汾水，水中多产苍玉。

北2-5　又北三百五十里，曰白沙山①，广员三百里，尽沙也，无草木鸟兽。鲔②水出于其上，潜于其下③，是多白玉。

【注释】①白沙山，《五藏山经传》卷三："白海子亦曰长水海，在阿巴垓蒙古右翼旗南三十里，四望皆白沙。"　②鲔，音wěi。

③ "鲔水"句，郭璞曰："出山之顶，停其底也。"

【译文】再往北三百五十里，叫白沙山，方圆三百里，都是沙子，没有草木鸟兽。鲔水在山上发源，在它下面流淌。这里多产白玉。

北2-6 又北四百里，曰尔是之山①，无草木，无水。

【注释】①尔是之山，《五藏山经传》卷三："山在上都河东西之中，潮河源之北，哈剌布拉克之南。尔，牖帷也；是，提也。谓褰帷也。潮源在两河间象之。"

【译文】再往北四百里，叫尔是山，没有草木，也没有水。

北2-7 又北三百八十里，曰狂山①，无草木。是山也，冬夏有雪。狂水出焉，而西流注于浮水②，其中多美玉。

【注释】①狂山，《五藏山经传》卷三："山在宣化张家口外哈剌城南，有西巴尔台河西北流，与南二水合北流者会，又东北折而西，名哈剌乌苏，西注昂吉里池，译言鹅雁池也。狂者，水形象猁犬弭其尾。" ②浮水，《五藏山经传》卷三："浮，孚也。言多雁卵也。"孚，即孵。

【译文】再往北三百八十里，叫狂山，没有草木。这座山上冬夏都有雪。狂水在这里发源，向西流注入浮水，水中多产美玉。

北2-8 又北三百八十里，曰诸馀之山①，其上多铜玉，其下多松、柏。诸馀之水出焉，而东流注于㫋水。

【注释】①诸馀之山，《五藏山经传》卷三："诸馀，色野尔济山之东麓，乌蓝古衣河所出也。"

【译文】再往北三百八十里，叫诸馀山，山上多产铜和玉，山下有许多松、柏。诸馀水在这里发源，向东流注入㴩水。

北2-9又北三百五十里，曰敦头之山①，其上多金玉，无草木。㴩水②出焉，而东流注于印泽，其中多馞③马，牛尾而白身，一角，其音如呼。

【注释】①敦头之山，《五藏山经传》卷三："敦头，西兴安山也。" ②㴩水，《五藏山经传》卷三："洮赖河出其东麓曰木什夏河，两源合东南流数十里，折东北百里，会北二源而东而东南，左右受大小水十，象㴩形。" ③馞，音bó。

馞马

【译文】再往北三百五十里，叫敦头山，山上多产金、玉，没有草木。㴩水在这里发源，向东流注入印泽，泽中有许多馞马，尾巴像牛，身体白色，有一个角，叫声像人在呼喊。

北2-10又北三百五十里，曰钩吾之山①，其上多玉，其下多铜。有兽焉，其状如羊身人面，其目在腋下，虎齿人爪，其音如婴儿，名曰狍鸮②，是食人。

【注释】①钩吾之山，《五藏山经传》卷三："吾通余。山在今巴林部南潦河南岸，有小水出山南，西流十馀里，屈而东北注潦象钩，潦水象钩竿。余，曲也。" ②狍鸮，郭璞曰："为物贪惏，

狍鸮

食人未尽，还害其身，像在夏鼎，《左传》所谓饕餮是也。"

【译文】再往北三百五十里，叫钩吾山，山上多产玉，山下多产铜。有一种兽，形状像羊的身体人的面孔，眼睛在腋下，有虎一样的牙齿和人手脚一样的爪子，叫声像婴儿啼哭，名叫狍鸮，会吃人。

北2-11 又北三百里，曰北嚣之山①，无石，其阳多碧②，其阴多玉。有兽焉，其状如虎，而白身犬首，马尾彘鬣，名曰独狢③。有鸟焉，其状如乌，人面，名曰鸑鸰④，宵飞而昼伏，食之已暍⑤。涔水⑥出焉，而东流注于邛泽⑦。

【注释】①北嚣之山，《五藏山经传》卷三："北嚣在札鲁特蒙古西北曰模苏说伦哈达，其北麓为阿鲁坤都仑河所出。蒙古语阿鲁，山阴也；坤都仑，溜急而深也。即北嚣之谓矣。" ②碧，青碧之类，参见西3-15注②。 ③狢，音yù。 ④鸑鸰（pán mào），郭璞曰："鹎鹏之属。" ⑤暍（yē），中暑。汪绂曰："今鹎鹏亦可治热及头风。" ⑥涔水，《五藏山经传》卷三："其水合二涧北流折东南而东，右合尼伯尔坤都仑河，又东拜尔河自北合二水东南流来会，名和尔河。诸水象手，阿鲁坤都仑象屈指有所爪取，故曰涔。"

鸑鸰

参见西1-13⑤。　⑦邛泽，《五藏山经传》卷三："又东南经奎屯山北，东南曲曲三百馀里，潴为因沁察罕池，即邛泽也。山路峥嵘谓之邛，此水及旄水入泽处亦

独狢

皆曲曲象绳绖萦，故皆曰邛也。"

【译文】再往北三百里，叫北嚣山，没有石头，山的南面多产碧，北面多产玉。有一种兽，形状像虎，有白色的身体和狗一样的头，马一样的尾巴和野猪一样的鬃毛，名叫独狢。有一种鸟，形状像乌鸦，有人一样的面孔，名叫鸒鹏，晚上出来飞行，白天蛰伏不动，吃了它的肉可以治疗中暑。涔水在这里发源，向东流注入邛泽。

北2-12又北三百五十里，曰梁渠之山①，无草木，多金玉。修水出焉，而东流注于雁门，其兽多居暨，其状如彙②而赤毛，其音如豚。有鸟焉，其状如夸父，四翼、一目、犬尾，名曰嚣，其音如鹊，食之已腹痛，可以止衕③。

【注释】①梁渠之山，《五藏山经传》卷三："梁渠当作良举，即兴安岭东之海喇喀山，为英金河所出。"　②彙（huì），刺猬。　③衕（dòng），即腹泻。

居暨

嚣

【译文】再往北三百五十里，叫梁渠山，没有草木，多产金、玉。修水在这里发源，向东流注入雁门。兽类多是居暨，形状像刺猬，但毛是红的，叫声像猪。有一种鸟，形状像夸父，有四个翅膀、一只眼睛、狗一样的尾巴，名叫嚣，叫声像鹊，吃了它的肉可以治疗肚子疼，又可以治疗腹泻。

北2-13 又北四百里，曰姑灌之山①，无草木，是山也，冬夏有雪。

【注释】①姑灌之山，《五藏山经传》卷三："贝尔湖之喀尔喀河口也。河东源于噶尔必池，西流四百馀里来入，又北溢出二百数十里注枯伦湖，卒然临之，弗详所灌，故名姑灌。"

【译文】再往北四百里，叫姑灌山，没有草木，这座山冬夏都有雪。

北2-14 又北三百八十里，曰湖灌之山①，其阳多玉，其阴多碧②，多马。湖灌之水出焉，而东流注于海，其中多鲗③。有木焉，其叶如柳而赤理。

【注释】①湖灌之山，《五藏山经传》卷三："枯伦湖东北水口之噶尔巴里山也。湖灌，湖水所灌也。湖自西南而东北，袤百馀里，东西阔五六十里，喀尔喀河注其东，克鲁伦注其南，又自东北流出，名额尔纳古尔河，凡行八百馀里入黑龙江而东注海也。"②碧，青碧之类，参见西3-15注②。　③鲗，郭璞曰："亦鳝鱼字。"参见北1-2注④。

再往北三百八十里，叫湖灌山，山的南面多产玉，北面多产碧，又有许多马。湖灌水在这里发源，向东流注入大海，水中有许多鳝鱼。有一种树木，叶子像柳树而有红色纹理。

北2-15 又北水行五百里，流沙三百里，至于洹山①，其上多金、玉。三桑生之，其树皆无枝，其高百仞。百果树生之。其下多怪蛇。

【注释】①洹山，《五藏山经传》卷三："自额尔纳古尔河迳枯伦湖溯克鲁伦河而西至尼勒莫山，今水路约千七百馀里，以西南北皆沙地，水行沙中，不可舟也。自尼勒莫西北行沙地二百里，至必尔哈岭，为克鲁伦所源，肯特山之东南干，即洹山也。洹者，克鲁伦大形象钩援也。（古文作ᘵ，从ᘰ，象形。）"

【译文】再往北沿水路走五百里，过流沙三百里，就到了洹山，山上多产金、玉。这里长着三桑，这种树都没有枝，高达百仞。又生有百果树。山下多怪蛇。

北2-16 又北三百里，曰敦题之山①，无草木，多金玉。是錞②于北海。

【注释】①敦题之山，《五藏山经传》卷三："黑龙江所源之小肯特山也，象水为名。" ②錞，参见西1-19注②。

【译文】再往北三百里，叫敦题山，那里没有草木，多产金、玉。这座山坐落在北海边。

凡北次二经之首，自管涔之山至于敦题之山，凡十

蛇身人面神

七山，五千六百九十里。其神皆蛇身人面。其祠：毛用一雄鸡彘瘗，用一璧一珪，投^①而不糈。

【注释】①投，郭璞曰："擿玉于山中以礼神，不薶之也。"

【译文】《北次二经》一组，从管涔山到敦题山，一共十七座山，五千六百九十里。山神都是蛇身人面。祭祀的礼仪为：毛物埋一只雄鸡和一头猪，把一块璧和一块珪扔在山里，不用精米。

北次三经

《五藏山经传》卷三："此经所志，自河曲东北迄潦海诸山也。"

北3-1北次三经之首曰太行之山，其首曰归山①，其上有金玉，其下有碧②。有兽焉，其状如麢羊③而四角，马尾而有距，其名曰䮝④，善还⑤，其名自訆。有鸟焉，其状如鹊，白身、赤尾、六足，其名曰𪁉⑥，是善惊，其鸣自詨⑦。

【注释】①归山，《五藏山经传》卷三："归山在蒲州西南中条所起处，本作'峕'，同'巍'，山小而众也。"　②碧，青碧之类，参见西3-15注②。　③麢羊，参见西1-18注④。　④䮝，音hún。　⑤还（xuán），同旋，盘旋起舞。　⑥𪁉，音fén。⑦詨（xiào），郭璞曰："今吴人谓呼为詨。"

【译文】《北次三经》一组叫太行山。第一座是归山，山上产

驒马

鹠

金、玉，山下产碧。有一种兽，形状像麢羊，但有四个角，尾巴像马，脚上有鸡距一样的突起，名字叫驒，善于盘旋舞蹈，它的名字是据他自己的叫声得来的。有一种鸟，形状像鹊，身体白色，尾巴红色，有六只脚，名叫鹠，容易受惊，它的名字也是据它自己的叫声得来的。

北3-2 又东北二百里，曰龙侯之山①，无草木，多金、玉。决决之水②出焉，而东流注于河。其中多人鱼，其状如鳎鱼③，四足，其音如婴儿，食之无痴疾。

【注释】①龙侯之山，《五藏山经传》卷三："侯通胡。山在磁州西彭城镇。滏水出焉，南源曰黑龙河，东流会北源象龙胡。"②决决之水，《五藏山经传》卷三："又东南折而东少北，又北少东，会滏阳河而东北注大陆泽，又东北注宁晋泊，与河水会，曲处象釜，亦象侧口啮物，故曰决决，犹夬夬也。"③鳎（tí），郭璞曰："鳎见《中山经》。或曰，人鱼即鲵也，似鲇而四足，声如小儿啼，今亦呼鲐为鳎。"参见西1-8注⑧。

【译文】再往东北二百里，叫龙侯山，那里没有草木，多产金、玉。决决水在这里发源，向东流注入河。水中有许多人鱼，形状像鳎鱼，有四只脚，叫声像婴儿啼哭，吃了它的肉不会痴呆。

北3-3 又东北二百里，曰马成之山①，其上多文石②，其阴多金玉。有兽焉，其状如白犬而黑头，见人则飞，其名曰天马，其鸣自訆。有鸟焉，其状如乌，首白而身青、足黄，是名曰鶌鶋③，其鸣自詨，食之不饥，可以已寓④。

天马

【注释】①马成之山，《五藏山经传》卷三："既作室，杵地令平曰成。马成，今十八盘山也。马足般旋上下如筑也。"　②文石，参见西4-3注②。　③鶌鶋，音qū jū。　④寓，郭璞曰："未详；或曰，寓犹误也。"郝懿行曰："寓、误盖以声近为义，疑昏忘之病也。王引之曰：'案寓当是瘉字之假借，《玉篇》、《广韵》并音牛具切，疣病也。'"

【译文】再往东北二百里，叫马成山，山上多产文石，山的北面多产金、玉。有一种兽，形状像白狗，但头是黑的，看见人就飞，名叫天马，它的名字是据自己的叫声得来的。有一种鸟，形状像乌鸦，头是白的，身子是青的，脚是黄的，名叫鶌鶋，它的名字是据自己的叫声得来的，吃了它的肉可以不饿，又可以治疣子。

鶌鶋

北3-4　又东北七十里，曰咸山①，其上有玉，其下多铜，是多松、柏，草多茈草②。条菅③之水出焉，而西南流注于长泽。其中多器酸④，三岁一成，食之已疠。

【注释】①咸山，《五藏山经传》卷三："咸山，崞县东南凤凰山也。" ②茈草，参见西4-2注①。 ③条菅，吕调阳校作"条管"，《五藏山经传》卷三："条管水即铜河。" ④器酸，《五藏山经传》卷三："草名。每干辄分三枝，枝又各分为三，多汁，粘人。"

【译文】再往东北七十里叫咸山，山上产玉，山下多产铜。有许多松、柏，草多是茈草。条菅在这里发源，向西南流注入长泽。水中多器酸，三年一成，吃了它可以治疗疫病。

北3-5又东北二百里，曰天池之山①，其上无草木，多文石②。有兽焉，其状如兔而鼠首，以其背飞③，其名曰飞鼠。渑水④出焉，潜于其下，其中多黄垩⑤。

【注释】①天池之山，《五藏山经传》卷三："即管涔山也。在宁武府南，有分水岭，天池亦名祁连泊，在管涔北原上方里馀，潭而不流，潜通朔州二泉，今名桑乾泉。" ②文石，参见西4-3注②。 ③以其背飞，郭璞曰："用其背上毛飞，飞则仰也。" ④渑水，《五藏山经传》卷三："渑水即北汾水，今名灰河，北流经府东出山口，至朔州西南之洪崖村，伏流十五六里涌出，会西二源，又东北会朔州泉。" ⑤垩，郭璞曰："土也。"参见西2-10注②。

飞鼠

【译文】再往东北二百里，叫天池山，山上没有草木，多产文石。有一种兽，形状像兔，但头像老鼠，能用背上的毛飞行，名叫飞鼠。渑水在这里发源，在它下面流淌，水中多产黄垩。

北3-6又东三百里,曰阳山①,其上多玉,其下多金铜。有兽焉,其状如牛而赤尾,其颈𩑡②,其状如句瞿③,其名曰领胡,其鸣自詨,食之已狂。有鸟焉,其状如雌雉,而五采以文,是自为牝牡,名曰象蛇,其鸣自詨。留水④出焉,而南流注于河。其中有鲐⑤父之鱼,其状如鲋鱼⑥,鱼首而彘身,食之已呕。

象蛇

【注释】①阳山,《五藏山经传》卷三:"山在栾城县西北治(当作冶)河铺,平浅石皁也。" ②𩑡,音shèn,肉瘤。 ③句瞿,斗的别名。 ④留水,《五藏山经传》卷三:"留水为汉太白渠故道,今渠绝而此水仍流,其水东南绕迳县城合西北一小水,又东南分绕赵州复合,水形肖墨默。" ⑤鲐,音xiàn。 ⑥鲋鱼,参见南3-9注④。

【译文】再往东三百里,叫阳山,山上多产玉,山下多产金和铜。有一种兽,形状像牛,尾巴是红色的,脖子上有肉𩑡,形状像斗,名叫领胡,它的名字是据自己的叫声得来的,吃了它的肉可以治疗狂病。有一种鸟,形状像雌雉,羽毛五彩而有花纹,这种鸟可以自己交配繁殖后代,名叫象蛇,它的名字是据自己的叫声得来的。

鲐父之鱼

留水在这里发源,向南流注入河。水中有鮯父鱼,形状像鲋鱼,长着鱼的头和猪的身体,吃了它的肉可以治疗呕吐。

^{北3-7}又东三百五十里,曰贲闻之山^①,其上多苍玉^②,其下多黄垩^③,多涅石^④。

【注释】①贲闻之山,《五藏山经传》卷三:"贲同奔。汾水自临汾而南而东南,西合诸渠水,又西南分二枝复合,又南会涧河仟级堡水西南流,象奔者转望急走,故曰贲。亦象以手掩耳,故曰闻。山在今赵曲镇,为晋赵氏地,其襄陵县则古耿国也。" ②苍玉,参见西1-8注⑦。 ③黄垩,参见西2-10注②。 ④涅石,郝懿行曰:"即矾石也。"参见西2-5注②。

【译文】再往东三百五十里,叫贲闻山,山上多产苍玉,山下多产黄垩,又多产涅石。

^{北3-8}又北百里,曰王屋之山^①,是多石。㶌水^②出焉,而西北流注于泰泽。

【注释】①王屋之山,《五藏山经传》卷三:"王屋,浮山县东南龙角山也。有水西北流,合南北二水,象蔓联之形,从北视之,又象帻屋之形。王,大也。" ②㶌,音lián。

【译文】再往北一百里,叫王屋山,这里有许多石头。㶌水在这里发源,向西北流注入泰泽。

^{北3-9}又东北三百里,曰教山^①,其上多玉而无石。教水^②出焉,西流注于河,是水冬干而夏流,实惟干河。其中有两山。是山也,广员三百步,其名曰发丸之山,其上有金、玉。

【注释】①教山，《五藏山经传》卷三："教山即单狐之山。"单狐之山在北1-1。　②教水，《五藏山经传》卷三："教水即夏县水，西南会盐水，经安邑、盐池、解州，北注张杨池入河，亳水在其东，象父指斥教其子形。逢水连其北，象子被责俯首之形，故曰教。"

【译文】再往东北三百里，叫教山，山上多产玉但，没有石头。教水在这里发源，向西流注入河，这条河流冬天干涸，夏天流淌，其实就是干河。其中有座两山，这座山方圆三百步，名叫发丸山，山上产金、玉。

北3-10 又南三百里，曰景山①，南望盐贩之泽②，北望少泽，其上多草、藷藇③，其草多秦椒④，其阴多赭⑤，其阳多玉。有鸟焉，其状如蛇，而四翼、六目、三足，名曰酸与，其鸣自詨，见则其邑有恐。

【注释】①景山，《五藏山经传》卷五："甘枣西南也。山在夏县南，为中条之脊，《传》所谓'景霍以为城'也。"　②盐贩之泽，郭璞曰："即盐池也，今在河东猗氏县。"《五藏山经传》卷五："盐池在夏县西南。少泽在东北，即沕泽。"　③藷藇（shǔ yù），郭璞曰："根似羊蹄，可食。"郝懿行曰："即今之山药也。"　④秦椒，郭璞曰："子似椒而细叶，草也。"即花椒，以产于秦地，故名。　⑤赭，参见北2-2注③。

酸与

【译文】再往南三百里，叫景山，南面是盐贩泽，北面是少泽,山上有许多草和藷薁,草多是秦椒,山的北面多产赭,南面多产玉。有一种鸟,形状像蛇,有四个翅膀、六只眼睛、三只脚,名叫酸与,它的名字是据自己的叫声得来的,它的出现预示着地方上会有恐慌。

北3-11又东南三百二十里,曰孟门之山①,其上多苍②玉,多金,其下多黄垩③,多涅石④。

【注释】①孟门之山,《五藏山经传》卷三:"今天井关也,在泽州之南,丹水之西。" ②苍玉,参见西1-8注⑦。 ③黄垩,参见西2-10注②。 ④涅石,参见西2-5注②。

【译文】再往东南三百二十里,叫孟门山,山上多产苍玉,多产金,山下多产黄垩和涅石。

北3-12又东南三百二十里,曰平山①。平水出于其上,潜于其下,是多美玉。

【注释】①平山,《五藏山经传》卷五:"亦甘枣西南也,即《水经注》张杨池南盐道山,厥顶方平,有泉发于其上,北流五里而伏者也。"

【译文】再往东南三百二十里,叫平山。平水在山上发源,在它下面流淌,这里多产美玉。

北3-13又东二百里,曰京山①,有美玉,多漆木,多竹,其阳有赤铜,其阴有玄礵②。高水出焉,南流注于河。

【注释】①京山,吕调阳校作"亳山",《五藏山经传》卷三:"亳山即甘枣之山,其水即共水,今名亳清河。"甘枣之山在中

1-1。　②礪（sù），郭璞曰："黑砥石也。"《石雅·杂金》："磁石与玄石虽皆为铁石，犹有慈不慈之分焉。古有称玄礪或玄厉者，疑即玄石之属。玄礪见《山海经·北山经》及《中山经》，郭璞注曰黑砥石，是礪亦砥类也。又《史记·司马相如传》'珹功玄厉'注：'玄厉，黑石可用磨者。'砥厉古或以铁石为之，亦往往与磁石同产。《山海经》称灌题之山多砥，匠韩之水出焉，西流注于泑泽，中多磁石，是也。然则玄礪、玄厉与玄石同，其质亦或为铁，故曰即其属也。"

【译文】再往东二百里，叫京山，山上产美玉，有许多漆木、竹子，山的南面产赤铜，北面产玄礪。高水在这里发源，向南流注入河。

北3-14又东二百里，曰虫尾之山①，其上多金、玉，其下多竹，多青碧②。丹水③出焉，南流注于河。薄水④出焉，而东南流注于黄泽。

【注释】①虫尾之山，《五藏山经传》卷三："山在高平县北，即丹林。其山东历洹、淇诸源，皆其脊脉。"　②青碧，参见西2-4注②。　③丹水，《五藏山经传》卷三："丹水即丹林之水。"见北3-19。　④薄水，《五藏山经传》卷三："薄同亳。薄水即五峪河，出马武山。"

【译文】再往东二百里，叫虫尾山，山上多产金、玉，山下有多竹子，多产青碧。丹水在这里发源，向南流注入河。薄水在这里发源，向东南流注入黄泽。

北3-15又东三百里，曰彭毗①之山，其上无草木，多金、玉，其下多水。蚤林之水出焉，东南流注于河。肥水出焉，而南流注于床水②，其中多肥遗之蛇。

【注释】①彭毗之山，《五藏山经传》卷五："滹沱水象腹彭，西南受诸小水象辅员于辐。"毗有辅佐、比附之义。 ②床水，《五藏山经传》卷五："滹沱东流南受诸水象床也。"

【译文】再往东三百里，叫彭毗山，山上没有草木，多产金、玉，山下多水。蚕林水在这里发源，向东南流注入河。肥水在这里发源，向南流注入床水，水中多肥遗蛇。

鸪鹊

北3-16 又东百八十里，曰小侯之山。明漳之水①出焉，南流注于黄泽。有鸟焉，其状如乌而白文，名曰鸪鹊②，食之不瞷③。

【注释】①明漳水，《五藏山经传》卷三："今名桃花水。"②鹊，音xí。 ③瞷（jiào），眼睛昏蒙。

【译文】再往东一百八十里，叫小侯山。明漳水在这里发源，向南流注入黄泽。有一种鸟，形状像乌鸦，有白色的纹路，名叫鸪鹊，吃了它的肉眼睛不会昏蒙。

北3-17 又东三百七十里，曰泰头之山①。共②水出焉，南注于虖池③。其上多金玉，其下多竹箭④。

【注释】①泰头之山，吕调阳校作"秦头之山"，《五藏山经传》卷三："辛椒谓之秦，析麻折其首亦谓之秦。清水河象折麻首,亦象仰掌向上,故曰秦头,曰共。" ②共,音gōng。 ③虖池,即虖沱。 ④竹箭,参见西1-7注④。

【译文】再往东三百七十里,叫泰头山。共水在这里发源,向南注入虖池。山上多产金、玉,山下有许多竹箭。

北3-18又东北二百里,曰轩辕之山①,其上多铜,其下多竹。有鸟焉,其状如枭②而白首,其名曰黄鸟,其鸣自詨,食之不妒。

【注释】①轩辕之山,《五藏山经传》卷三:"山在唐县西北二十馀里,当唐河折西南会般水处。辕前高谓之轩也,古轩辕氏居此,因以为有天下之号也。" ②枭,参见南3-10注④。

【译文】再往东北二百里,叫轩辕山,山上多产铜,山下有许多竹子。有一种鸟,形状像枭,头是白色的,名叫黄鸟,它的名字是据自己的叫声得来的,吃了它的肉不会妒忌。

北3-19又北二百里,曰谒戾之山①,其上多松、柏,有金、玉。沁水出焉,南流注于河。其东有林焉,名曰丹林②。丹林之水出焉,南流注于河。婴侯之水出焉,北流注于汜水③。

【注释】①谒戾之山,《五藏山经传》卷三:"沁水出王屋山南乌岭关,东南至武陟入河,大形象谒者跪戾其足。" ②丹林,《五藏山经传》卷三:"丹林即下虫尾之山云多竹者是也。丹林之水即丹水也。"虫尾之山在北3-14。 ③汜水,《五藏山经传》卷三:"汜水有二,一出长子县西南,二源合东北流经县南,又左合一水而东。一出壶关县南,二源合东北流经县东而西北。婴侯水近出潞安府治西南,北流至府北二十馀里,与二水会参交也。".

【译文】再往北二百里,叫谒戾山,山上有许多松、柏,产金、玉。沁水在这里发源,向南流注入河。东面有一片树林,名叫丹林。丹林水在这里发源,向南流注入河。婴侯水在这里发源,向北流注入氾水。

北3-20东三百里,曰沮洳之山,无草木,有金、玉。潕水①出焉,南流注于河。

【注释】①潕（qí）水,《五藏山经传》卷三:"潕同淇,今水出淇县西三十馀里兴工山,东北流会洹水环曲东南注卫河,象箕形,故名。"

【译文】往东三百里,叫沮洳山,没有草木,产金、玉。潕水在这里发源,向南流注入河。

北3-21又北三百里,曰神囷之山①,其上有文石②,其下有白蛇,有飞虫。黄水出焉,而东流注于洹③。滏水④出焉,而东流注于欧水⑤。

【注释】①囷（qūn）,圆形谷仓。又北三百里,吕调阳校作"又东三百里",《五藏山经传》卷三:

白蛇

"神囷之山,丹水以西与沁分水诸岭皆是。今云亳山东三百里,则在泽州凤台县也。" ②文石,参见西4-3注②。 ③洹（huán）水,《五藏山经传》卷三:"洹水即淇水,别源出陵川县,东北流环曲东南合淇水,象钩援也。"参见北2-15注①。 ④滏（fǔ）,《五藏山经传》卷三:"滏水即天井溪水,东会黄入丹水,折东南流而东而东北又东,象釜形。" ⑤欧水,《五藏山经传》卷三:"欧水即五峪河,北出马武川合二小水东南流来入,象欧者俯躬之形也。"欧,古"呕"字。

【译文】再往北三百里,叫神囷山,山上产文石,山下有白蛇,又有飞虫。黄水在这里发源,向东流注入洹。滏水在这里发源,向东流注入欧水。

北3-22 又北二百里,曰发鸠之山①,其上多柘木。有鸟焉,其状如乌,文首、白喙、赤足,名曰精卫,其鸣自詨。是炎帝②之少女,名曰女娃,女娃游于东海,溺而不返,故为精卫,常衔西山之木石以堙③于东海。漳水④出焉,东流注于河。

【注释】①发鸠之山,郭璞曰:"今在上党郡长子县西。"《五藏山经传》卷三:"臂鹰纵之曰发鸠。鸠,爽鸠也。山在今武乡县西北。" ②炎帝,郭璞曰:"神农也。" ③堙(yīn),填、堵塞。 ④漳水,《五藏山经传》卷三:"今名甲水河,东南流合数水东南入沁,象飞鹰之形,沁则象纵鹰屈其捥之形,故曰漳,曰发鸠。"参见西3-15注①。

【译文】再往北二百里,叫发鸠山,山上有许多柘木。有一种鸟,形状像乌鸦,头上有花纹,嘴是白色的,脚是红色的,名叫精卫,它的名字是据自己的叫声得来的。炎帝的小女儿名

精卫

叫女娃,女娃在东海游玩,溺水而死再没有回去,于是就化作精卫,常从西山叼树枝和石块来填塞东海。漳水在这里发源,向东流注入河。

北3-23又东北百二十里,曰少山①,其上有金、玉,其下有铜。清漳之水②出焉,东流于浊漳之水③。

【注释】①少山,《五藏山经传》卷三:"山在今辽州西北横岭镇。" ②清漳之水,《五藏山经传》卷三:"清漳水导源东南流合东数水,屈曲至交漳入漳。" ③浊漳之水,《五藏山经传》卷三:"漳自合泽、沁以后,其流变浊,故曰浊漳也。"

【译文】再往东北一百二十里叫少山,山上产金、玉,山下产铜。清漳水在这里发源,向东流入浊漳水。

北3-24又东北二百里,曰锡山①,其上多玉,其下有砥②。牛首之水③出焉,而东流注于滏水。

【注释】①锡山,《五藏山经传》卷三:"燕哺子谓之锡。邢台南北二水东注大陆似之。(两水象燕尾,大陆其身也)" ②砥,参见西4-19注⑦。 ③牛首之水,吕调阳校作牛页之水,《五藏山经传》卷三:"北水即牛页之水,今俗呼牛尾河也。"

【译文】再往东北二百里,叫锡山,山上多产玉,山下产砥。牛首水在这里发源,向东流注入滏水。

北3-25又北二百里,曰景山①,有美玉。景水②出焉,东南流注于海泽。

【注释】①景山,《五藏山经传》卷三:"满城县西北眺山也。" ②景水,《五藏山经传》卷三:"景水即鸡距泉,东南经清苑县流入西淀，即海泽，言深晦也。"

【译文】再往北二百里，叫景山，山上产美玉。景水在这里发源，向东南流注入海泽。

北3-26又北百里，曰题首之山①，有玉焉，多石，无水。

【注释】①题首之山，《五藏山经传》卷三："白石山在今广昌县东南浮图峪，多确石，可为墓题。"

【译文】再往北一百里，叫题首山，山上产玉，有许多石头，没有水。

北3-27又北百里，曰绣山①，其上有玉、青碧②，其木多枸③，其草多芍药④、芎劳⑤。洧水⑥出焉，而东流注于河。其中有鳠⑦、黾⑧。

【注释】①绣山，《五藏山经传》卷三："即恒山，在平定州西北芹泉驿。" ②青碧，参见西2-4注②。 ③枸（xún），郭璞曰："木中枚也。"汪绂曰："木可为琴。"均不详所指。 ④芍药，郭璞曰："芍药一名辛夷，亦香草属。" ⑤芎劳，参见西4-8注①。 ⑥洧（wěi）水，《五藏山经传》卷三："洧水即桃河，出

鳠、黾

鸦鸣谷，两源似弦月，东会沾水入虖沱，至宁晋泊东北注河也。"
⑦鳠（hù），郭璞曰："鳠似鮎而大，白色也。"《本草纲目》卷
四十四："鮠鱼，北人呼鳠，南人呼鮠，并与鮰音相近，迩来通称鮰
鱼，而鳠、鮠之名不彰矣。"即鮠科动物长吻鮠。　⑧黾（měng），
郭璞曰："鼀黾似虾蟆，小而青。或曰，鳠、黾一物名耳。"汪绂
曰："黾，青蛙。"

【译文】再往北一百里，叫绣山，山上产玉和青碧，树
木多是枸，草多是芍药和芎䓖。洧水在这里发源，向东流注
入河。水中有鳠和黾。

北3-28　又北百二十里，曰松山①，阳水②出焉，东北流
注于河。

【注释】①松山，《五藏山经传》卷三："山在忻州阳西镇之
东。"　②阳水，《五藏山经传》卷三："今名洞河，东北流入虖沱
注河。"

【译文】再往北一百二十里，叫松山，阳水在这里发源，
向东北流注入河。

北3-29　又北百二十里，曰敦与之山①，其上无草木，有
金、玉。溹水②出于其阳，而东流注于泰陆之水；泜③水出
于其阴，而东流注于彭水④。槐水⑤出焉，而东流注于泜
泽。

【注释】①敦与之山，吕调阳校作"敦舆之山"，《五藏山
经传》卷三："自牛页水循大陆北岸而东北达宁晋泊象牛脰颔，
折西北至泜口溯行西南象牛唇，又西而南象顶额。两源岐出象角，
其大形则象牛负舆仰其首，故曰敦舆也。"　②溹（suǒ）水，《五

藏山经传》卷三："漆水即邢台南水，象索缚也。" ③泜，音chí。
④彭水，《五藏山经传》卷三："宁晋泊，象腹彭也。" ⑤槐水，
《五藏山经传》卷三："槐水出赞皇县南，东流经柏乡县北，东北
注宁晋泊。彭水、泜泽，变名耳。"

【译文】再往北一百二十里，叫敦与山，山上没有草
木，产金、玉。漆水从山的南面发源，向东流注入泰陆水；泜
水从山的北面发源，向东流注入彭水。槐水在这里发源，向
东流注入泜泽。

北3-30 又北百七十里，曰柘山①，其阳有金玉，其阴有
铁。历聚之水②出焉，而北流注于洧水。

【注释】①柘山，《五藏山经传》卷三："柘山，今石马山，
在旧乐平县西。" ②历聚之水，《五藏山经传》卷三："历聚之
水，沾河也。"

【译文】再往北一百七十里，叫柘山，山的南面产金、
玉，北面产铁。历聚之水在这里发源，向北流注入洧水。

北3-31 又北三百里，曰维龙之山①，其上有碧②玉，其阳
有金，其阴有铁。肥水③出焉，而东流注于皋泽④，其中多礨
石⑤。敞铁之水⑥出焉，而北流注于大泽⑦。

【注释】①维龙之山，吕调阳校作"维駹之山"，《五藏山
经传》卷三："髦马曰駹，虖沱合诸小水象之。" ②碧玉，参见西
1-8注⑦。 ③肥水，《五藏山经传》卷三："肥水即空桑山水，东
南流入虖沱。" ④皋泽，《五藏山经传》卷三："皋涂之水也。"
⑤礨（lěi），郭璞曰："或作垒，磈垒，大石貌。或曰石名。"汪绂
曰："言肥水中多磈礨大石也。" ⑥敞铁之水，《五藏山经传》卷

三：“峨水也，西北流入虖沱。” ⑦大泽，《五藏山经传》卷三：“大同泰。泰泽，泰戏山水也。”

【译文】再往北三百里，叫维龙山，山上产碧玉，山的南面产金，北面产铁。肥水在这里发源，向东流注入皋泽，水中有许多礜石。敞铁水在这里发源，向北流注入大泽。

北3-32又北百八十里，曰白马之山①，其阳多石、玉，其阴多铁，多赤铜。木马之水②出焉，而东北流注于虖沱。

【注释】①白马之山，《五藏山经传》卷三：“虖沱合诸水象白马矫顾之形。” ②木马之水，《五藏山经传》卷三：“盂县之秀水河为其后足而状似木枝，故曰木马水。”

【译文】再往北一百八十里，叫白马山，山的南面多产石头和玉，北面多产铁，又多产赤铜。木马水在这里发源，向东北流注入虖沱。

北3-33又北二百里，曰空桑之山①，无草木，冬夏有雪。空桑之水出焉，东流注于虖沱。

【注释】①空桑之山，《五藏山经传》卷三：“山在五台县西，清水河合诸水象枯桑，九女泉合南一小水东流入之，象空穴也。”

【译文】再往北二百里，叫空桑山，没有草木，冬夏都有雪。空桑水在这里发源，向东流注入虖沱。

北3-34又北三百里，曰泰戏之山①，无草木，多金玉。有兽焉，其状如羊，一角一目，目在耳后，其名曰辣辣②，其鸣自詨。虖沱之水出焉，而东流注于娄水③。液女之水出于其阳，南流注于沁水。

【注释】①泰戏之山，《五藏山经传》卷三："山在繁畤县东百里，虖沱正源青龙泉所发也。" ②辣，音dōng。 ③娄（lóu）水，《五藏山经传》卷三："娄水即液女之水，上文总名娄液水，出南台山麓，西流合清水河，南注虖沱，沱娄交相注也。"

【译文】再往北三百里，叫泰戏山，没有草木，多产金、玉。有一种兽，形状像羊，有一个角和一只眼，眼睛长在耳后，名字叫辣辣，它的名字是据自己的叫声得来的。虖沱水在这里发源，向东流注入娄水。液女水从山的南面发源，向南流注入沁水。

辣辣

北3-35 又北三百里，曰石山①，多藏②金、玉。濩濩之水③出焉，而东流注于虖沱；鲜于之水④出焉，而南流注于虖沱。

【注释】①石山，《五藏山经传》卷三："山在忻州西南石岭关。" ②藏，郝懿行曰："古字作'臧'，善也。《西次三经》槐江之山多藏黄金玉，义与此同。" ③濩濩（huò huò）之水，《五藏山经传》卷三："有水三源，东北流合出石梯口，至定襄县东注于虖沱，即濩濩之水。濩，水泻落也。" ④鲜于之水，《五藏山经传》卷三："山之南有石桥河南流，洛阴、直谷二水自东合而来会，又西南右受烈石泉水而南与西北来之埒谷水会，又东南而南经太原府治入汾，即鲜于之水。鲜于诸水象生鱼旋动纤曲之形也。"直谷，真谷之误。

【译文】再往北三百里，叫石山，多产上好的金、玉。濩濩水在这里发源，向东流注入虖沱。鲜于水在这里发源，向南流注于虖沱。

北3-36 又北二百里，曰童戎之山①。皋涂之水②出焉，而东流注于溇液水。

【注释】①童戎之山，《五藏山经传》卷三："山即管涔东麓。" ②皋涂之水，《五藏山经传》卷三："阳武河出而东流迳淖泥驿北，即皋涂之水。"

【译文】再往北二百里，叫童戎山。皋涂水在这里发源，向东流注入溇液水。

北3-37 又北三百里，曰高是之山①。滋水②出焉，而南流注于虖沱，其木多棕，其草多条③。滱水④出焉，东流注于河。

【注释】①高是之山，《五藏山经传》卷三："五台县东射虎山也。是，用足上指也。射虎川水西南合清水河象之，故山得名。" ②滋水，《五藏山经传》卷三："清水又象墨莛卓挹，射虎承之，象墨中茸，故曰滋。其水南入虖沱也。" ③条，见西1-5。 ④滱（kòu）水，《五藏山经传》卷三："滱水今名沙河，出射虎山北，东南流至曲阳西北屈而南而东南，会郭水，象穿窬形，故名寇。"穿窬，挖墙洞。

【译文】再往北三百里，叫高是山。滋水在这里发源，向南流注入虖沱。树木多是棕树，草多条草。滱水在这里发源,向东流注入河。

北3-38又北三百里,曰陆山,多美玉。鄩水^①出焉,而东流注于河。

【注释】①鄩(jiāng)水,《五藏山经传》卷三:"即部河,今亦名姜河。"

【译文】再往北三百里,叫陆山,山上多产美玉。鄩水在这里发源,向东流注入河。

北3-39又北二百里,曰沂山^①。般水^②出焉,而东流注于河。

【注释】①沂山,《五藏山经传》卷三:"山在曲阳县北少西之军城镇,有小水,郦注名马溺水,东南流入唐河,象莝刀形,故曰沂山。"古代铡刀名釿。 ②般(pán)水,《五藏山经传》卷三:"亦象车辕形,故曰般水,般,鞶还也。"鞶,辕。

【译文】再往北二百里,叫沂山。般水在这里发源,向东流注入河。

北3-40北百二十里,曰燕山^①,多婴石^②。燕水出焉,东流注于河。

【注释】①燕山,《五藏山经传》卷三:"良乡县北,圣水所出也。圣水即北易水,水形象飞燕上颃。" ②婴石,郭璞曰:"言石似玉有符彩婴带,所谓燕石者。"

【译文】再往北一百二十里,叫燕山,山上多产婴石。燕水在这里发源,向东流注入河。

鹠

北3-41 又北山行五百里，水行五百里，至于饶山①。是无草木，多瑶碧②，其兽多橐驰③，其鸟多鹠④。历虢之水⑤出焉，而东流注于河。其中有师鱼⑥，食之杀人。

【注释】①瑶碧，参见西3-15注②。　②饶山，《五藏山经传》卷三："饶山即西拉札拜岭，在多伦泊东北，当少咸之南，有安巴科坤河、西拉札拜岭河、库尔奇勒河诸水，象积禾。"　③橐驰，即橐驼，参见北1-6注③。　④鹠（liú），郭璞曰："未详。或曰，鹠，鸺鹠也。"鸺鹠，猫头鹰一类的鸟。　⑤历虢之水，《五藏山经传》卷三："上都河北对潦水，象虎食人，故名历虢。"　⑥师鱼，郭璞曰："或作鲵。"郝懿行曰："郭云'或作鲵'者，师、鲵声之转。鲵即人鱼也，已见上文。《酉阳杂俎》云：'峡中人食鲵鱼，缚树上，鞭至白汁出如构汁，方可食，不尔有毒也。'正与此经合。"

【译文】再往北走山路五百里，水路五百里，就到了饶山。这里没有草木，多产瑶碧。兽类多橐驰，鸟类多鹠。历虢水在这里发源，向东流注入河。水中有师鱼，人吃了它能被毒死。

北3-42 又北四百里，曰乾山①，无草木，其阳有金、玉，其阴有铁而无水。有兽焉，其状如牛而三足，其名曰獂②，其鸣自詨。

【注释】①乾山，《五藏山经传》卷三："山在赤城县西北栅口外，拜察河在南象建旗，故曰乾。（古作𣃘，从㫃，旗干也；从

乙,曳旆也。)" ②猼,音
yuán。

猼

【译文】再往北
四百里,叫乾山,那里
没有草木,山的南面产
金、玉,北面有铁而没有
水。有一种兽,形状像
牛,三条腿,名叫猼,它的名字是据自己的叫声得来的。

北3-43 又北五百里,曰伦山①。伦水出焉,而东流注于
河。有兽焉,其状如麔,其川②在尾上,其名曰罴。

【注释】①伦山,《五藏山经传》卷三:"伦、仑通。山为白
河源五郎海山东脊,三水南流注白河,象编册,故曰仑。" ②川,
郭璞曰:"川,窍也。"郝懿行曰:"《尔雅》云:'白州驠。'郭
云:'州,窍。'是州、川其义同。"

【译文】再往北五百里,叫伦山。伦水在这里发源,
向东流注入河。有一种兽,形状像麔,肛门和生殖孔在尾巴
上,名字叫罴。

北3-44 又北五百里,曰碣石之山①。绳水②出焉,而东
流注于河,其中多蒲夷之鱼。其上有玉,其下多青碧③。

【注释】①碣石之山,《五藏山经传》卷三:"碣石在滦河
入海之西数十里,有海渚长直茶上如碑碣,今名长闸口,其北山脉
循滦河之西五百馀里,与密云诸山相连。此言碣石之山,即密云南
山也。" ②绳水,《五藏山经传》卷三:"有海子河东南流,会胸
河,至宁河县,屈曲十馀折,分注大沽入海,象紴绳,故曰绳水,

亦如金沙上源诸水皆曲曲流,名绳水也。" ③青碧,参见西2-4注②。

【译文】再往北五百里,叫碣石山。绳水在这里发源,向东流注入河,水中多蒲夷之鱼。山上产玉,山下多产青碧。

北3-45又北水行五百里,至于雁门之山①,无草木。

【注释】①雁门之山,《五藏山经传》卷三:"雁门谓今山海关,山脉自白狼河、大凌河源南来,讫于海。《海内西经》'雁门山,雁出其间。在高柳北',指谓白狼所出在柳条边外也。"

【译文】再往北沿水路走五百里,就到了雁门山,那里没有草木。

北3-46又北水行四百里,至于泰泽①。其中有山焉,曰帝都之山②,广员百里,无草木,有金、玉。

【注释】①泰泽,《五藏山经传》卷三:"潦海。" ②帝都之山,《五藏山经传》卷三:"长兴岛也。"

【译文】再往北沿水路走四百里,就到了泰泽。其中有一座山叫帝都山,方圆百里,没有草木,产金、玉。

北3-47又北五百里,曰錞于母逢之山①,北望鸡号之山②,其风如飆③。西望幽都之山,浴水出焉。是有大蛇,赤首白身,其音如牛,见则其邑大旱。

【注释】①錞于毋逢之山,吕调阳校"曰"字衍,山名仅"母逢"二字,《五藏山经传》卷三:"母逢,旅顺岛也。岛形似乳,其北岸悬入海中,有小水小渚在其端,似开口,故曰母逢。"錞,参见西1-19注②。　②鸡号之山,《五藏山经传》卷三:"鸡号亦象鸡俯鸣开其口也。"　③飚(lì),郭璞曰:"飚,急风貌也。"

【译文】再往北五百里,叫錞于母逢山,北面是鸡号山,那里有非常猛烈的风。西面是幽都山,浴水在这里发源。这里有大蛇,红色的头,白色的身体,叫声像牛,它的出现预示着地方上会出现大旱。

凡北次三经之首,自太行之山以至于无逢之山,凡四十六山,万二千三百五十里。其神状皆马身而人面者廿神。其祠之,皆用一藻茝①瘗之。其十四神状皆彘身而载②玉。其祠之,皆玉,不瘗。其十神状皆彘身而八足、蛇尾。其祠之,皆用一璧瘗之。大凡四十四神,皆用稌糈米祠之,此皆不火食。

【注释】①茝(chǎi),郭璞曰:"藻,聚藻。茝,香草,兰之类。"聚藻,生于水底的一种水草。　②载,同戴。

【译文】《北次三经》一组,从太行山到无逢山,共四十六座山,一万二千三百五十里。山神的形状马身人面的共有二十个。祭祀的礼仪为:都是埋藻和茝。另十四个山神的形状都是猪的身体并且戴着玉饰。祭祀都用玉,不埋。还有十个山神的形状都是猪的身体,长着八条腿、蛇的尾巴。祭祀的礼仪都为埋一块璧。一共四十四个山神,都用粳稻作为精米

马身人面廿神

虎身八足神

祭祀，这些山神都吃生的食物而不用火。

　　右北经之山志，凡八十七山，二万三千二百三十里。

　　【译文】以上是《北山经》的内容，一共八十七座山，二万三千二百三十里。

卷四 东山经

东 山 经

【题解】《五藏山经传》卷四："此经所志，今吉林之乌苏里江以西、图门江以北诸山也。"

东1-1东山经之首，曰樕螽之山①，北临乾昧②。食水出焉，而东北流注于海。其中多鳙鳙之鱼，其状如犁牛③，其音如彘鸣。

【注释】①樕螽（sùzhū），吕调阳校作"樕株"，《五藏山经传》卷四："乌苏西源曰呼野河，北流合诸小水如樕枝。又北当兴格湖之东有小水亦名呼野河，东南流屈而东北注之。又北少西伊鲁山北麓水东北流注之，两水之间有小水长十数里东注，象木中株，故名樕株，又象舌在口中，故曰食水，即伊鲁之谓也。（满洲语：伊鲁，舌也。）"株，树干。 ②乾昧，郭璞曰："亦山名也。" ③犁牛，参见南1-5注⑤。

【译文】《东山经》一组，第一座山是樕螽山，北面是乾昧。食水在这里发源，向东北流

鳙鳙鱼

注入大海。水中有许多鳙鳙鱼，形状像犁牛，叫声像猪叫。

东1-2 又南三百里，曰蔺山①，其上有玉，其下有金。湖水出焉，东流注于食水，其中多活师②。

【注释】①蔺（lěi）山，《五藏山经传》卷四："山在兴格湖西岸，近南五札虎河口，河源出宁古塔之东二百六十里，东流百六十馀里，潴于湖。湖自西南而东北长百里，东西径七十馀里，自北溢出，流百五十里注乌苏里江。湖西北复有小湖，亦自西南而东北长五十里，广二十馀里，两两相附如蔺，故山得名。蔺，白鼓也，蔓生，根大如鸡鸭卵而长，一本三五枚累累然。"白鼓，葡萄科植物。 ②活师，郭璞曰："科斗也，《尔雅》谓之活东。"

【译文】再往南三百里叫蔺山，山上产玉，山下产金。湖水在这里发源，向东流注入食水，水中有许多活师。

东1-3 又南三百里，曰枸状之山①，其上多金、玉，其下多青碧②、石。有兽焉，其状如犬，六足，其名曰从从，其鸣自詨。有鸟焉，其状如鸡而鼠毛，其名曰蚩③鼠，见则其邑大旱。泲④水出焉，而北流注于湖水。其中多箴鱼，其状如儵⑤，其喙如箴⑥，食之无疫疾。

【注释】①枸状之山，吕调阳校作"扐扶之山"，《五藏山经传》卷四："山在兴格湖之南七十馀里，为尼雅林河所出，是多熊，土人名拉垺山，其东南曰垺富倭集。满洲语垺富，熊也；拉垺，大母熊也。圣人作

从从

经不欲尽易旧号,因象水形文之曰
扐扶,盖尼雅林河东南流屈而北会
圬富河象扐,又北会三水入湖象扶
也。四指谓之扶,小指曰扐。" ②青
碧,参见西2-4注②。 ③蚩,音zī。
④泜,音zhì。 ⑤儵,参见北2-3注
⑦。 ⑥箴,通针。箴鱼,郭璞曰:

蚩鼠

"出东海;今江东水中亦有之。"郝
懿行曰:"今登莱海中有箴梁鱼,碧
色而长,其骨亦碧,其喙如箴,以此得名。"箴鱼今名鱵鱼,鱵科动
物。

【译文】再往南三百里叫枸状山,山上多产金、玉,
山下多产青碧和石头。有一种兽,形状像狗,六条腿,名叫
从从,它的名字是据自己的叫声得来的。有一种鸟,形状像
鸡,长着老鼠一样的毛,名叫蚩鼠,它的出现意味着地方上
会遭遇大旱。泜水在这里发源,向北流注入湖水。水中有许
多箴鱼,形状像儵,嘴像针,吃了它的肉可以预防疫病。

东1-4又南三百里,曰勃垒之山①,无草木,无水。

【注释】①垒,汪绂曰:"古'齐'字。"勃垒之山,《五藏
山经传》卷四:"勃齐以产葰得名,今名可朱岭,满洲语谓幽僻处
也。"葰,人参。

【译文】再往南三百里,叫勃垒山,山上没有草木,没
有水。

东1-5又南三百里,曰番条之山①,无草木,多沙。减

水出焉，北流注于海，其中多鳡鱼②。

【注释】①番条之山，《五藏山经传》卷四："山在扶扐东南，锡拉河之北，佛林河南源之西，有水西北流沙中，若隐若见，凡二百里至尼雅河源之南而伏，重源再发为尼雅河，北流入海，即减水也。番条，锡拉河三源象仰掌，减水象折条也。" ②鳡（gǎn）鱼，郭璞曰："一名黄颊。"又名黄钻、竿鱼，鲤科，肉食性淡水鱼。体长大，亚圆筒形。吻尖长，口大，眼小。性凶猛。

【译文】再往南三百里，叫番条山，没有草木，多沙。减水在这里发源，向北流注入大海，水中有许多鳡鱼。

东1-6 又南四百里，曰姑儿之山①，其上多漆，其下多桑、柘。姑儿之水出焉，北流注于海，其中多鳡鱼②。

【注释】①姑儿之山，《五藏山经传》卷四："山南曰勒特河，四源合南流山北曰富达锡浑河，南四源，北一源，合东流折而西南而西，与勒特河会，象抱子拊掌来之之形，故名姑儿。" ②鳡鱼，参见东1-5注②。

【译文】再往南四百里，叫姑儿山，山上有许多漆树，山下有许多桑、柘。姑儿之水在这里发源，向北流注入大海，水中有许多鳡鱼。

东1-7 又南四百里，曰高氏之山①，其上多玉，其下多箴石②。诸绳之水出焉，东流注于泽，其中多金、玉。

【注释】①高氏之山，《五藏山经传》卷四："长白山自松花、图门诸源北走，经平顶山而北，竦为是山，甚桀峻。以北呼拉哈河众源并导，象木柢旁薄，又象结绳纷垂其末，故号山曰高氏，而字水曰诸绳。" ②箴石，《石雅·制器》以为即古代用于针灸的石针，又称针石、砭石："今已无识砭石者，盖古者以石为针，季世以针代石，后人又以瓷针刺病，今且有用金针者，则大有进而愈上之势，虽皆本砭之遗意，而砭之为物，近已难详。"

【译文】再往南四百里，叫高氏山，山上多产玉，山下多产箴石。诸绳水在这里发源，向东流注入泽，水中多产金、玉。

东1-8 又南三百里，曰岳山，其上多桑，其下多樗①。泺水②出焉，东流注于泽，其中多金、玉。

【注释】①樗，参见西1-8注③。 ②泺（luò）水，《五藏山经传》卷五："章丘东之泺山泊也，其水今为小清河，东流合巨淀水注海，水形象罪人偒屈也。"

【译文】再往南三百里，叫岳山，山上有许多桑树，山下有许多樗树。泺水在这里发源，向东流注入泽，水中多产金、玉。

东1-9 又南三百里，曰犲山①，其上无草木，其下多水，其中多堪孖②之鱼。有兽焉，其状如夸父而彘毛，其音如呼，见则天下大水。

【注释】①犲，郝懿行曰："犲即豺别字。"犲山，《五藏山经传》卷四："山在举尔和河三源之间，其水南流入富达锡浑河，象豺伏兽尾爪取其肠形。"②孖，音xù。

【译文】再往南三百里，

如夸父兽

叫犲山，山上没有草木，山下多水，水中有许多堪㚛鱼。有一种兽，形状像夸父，长有猪毛，叫声像人呼喊，它的出现预示着天下会发大水。

东1-10又南三百里，曰独山①，其上多金玉，其下多美石。末涂之水②出焉，而东南流注于沔，其中多儵鳙③，其状如黄蛇，鱼翼，出入有光，见则其邑大旱。

儵鳙

【注释】①独山，《五藏山经传》卷四："山在宁古塔东南百里馀，曰聂垿倭集。聂垿，满洲语，单弱也，即经所云独矣。" ②末涂之水，吕调阳校作"末余之水"，《五藏山经传》卷四："木上曰末。余，曲也。舒尔哈河西南流合哈达河折南少东注英额河象之。英额，满洲语下坡之谓，经云沔，瀑布也。" ③儵鳙，音tiáo yóng。

【译文】再往南三百里，叫独山，山上多产金、玉，山下多产美石。末涂水在这里发源，向东南流注入沔，水中多儵鳙，形状像黄蛇，有鱼的鳍，出入时会发光，它的出现预示着地方上会遭遇大旱。

东1-11又南三百里，曰泰山①，其上多玉，其下多金。有兽焉，其状如豚而有珠，名曰狪狪②，其鸣自訆。环水③出焉，东流注于江，其中多水玉。

【注释】①泰山，郭璞曰："即东岳岱宗也。今在泰山奉高县西北，从山下至顶四十八里三百步也。" ②狪，音tóng。 ③环水,《五藏山经传》卷五:"环水即汶水,出泰山东天门谷,亦曰弗其山也。江则后世目为牟汶者是也。凡水东西正平曰江。"

狪狪

【译文】再往南三百里,叫泰山,山上多产玉,山下多产金。有一种兽,形状像猪,体内有珠子,名叫狪狪,它的名字是根据自己的叫声得来的。环水在这里发源,向东流注入江,水中多产水晶。

东1-12 又南三百里,曰竹山①,錞②于江,无草木,多瑶碧③。激水④出焉,而东南流注于娶檀之水⑤,其中多茈蠃⑥。

【注释】①竹山,《五藏山经传》卷四:"独山南也。山自英额岭东北环布尔哈图河源南属于江,布哈河三源象竹,其东西小水横列象笋也。" ②錞,参见西1-19注②。 ③瑶碧,参见西3-15注②。 ④激水,《五藏山经传》卷四:"激,音噭,从敫,古觉了。布哈河南合英额、和土二河东流象惊窝伸举也。" ⑤娶檀之水,《五藏山经传》卷四:"即末余水所合之哈达河。" ⑥茈蠃,郝懿行曰:"蠃当为'蠃'字之讹。茈蠃,紫色蠃也。"参见西4-3注②。

【译文】再往南三百里,叫竹山,坐落在江边,没有草木,多产瑶碧。激水在这里发源,向东南流注入娶檀水,水中有许多茈蠃。

人身龙首神

凡东山经之首,自㰵蟲之山以至于竹山,凡十二山,三千六百里。其神状皆人身龙首。祠:毛用一犬祈,聃①用鱼。

【注释】①聃(èr),郭璞曰:"以血涂祭为聃也。"

【译文】《东山经》一组,从㰵蟲山到竹山,一共十二座山,三千六百里。山神形状都是人身龙头。祭祀的礼仪为:毛物用一条狗祈祷,用鱼血涂祭。

东次二经

【题解】《五藏山经传》卷四："此经所志，为乌苏里江以南讫于朝鲜南境诸山也。"

东2-1东次二经之首，曰空桑之山①，北临食水，东望沮吴②，南望沙陵③，西望湣泽④。有兽焉，其状如牛而虎文，其音如钦⑤，其名曰轮轮⑥，其鸣自叫，见则天下大水。

【注释】①空桑之山，《五藏山经传》卷四："空桑即橄株南山，取象与北次四经同。"参见北3-33注①。　②沮吴，《五藏山经传》卷四："锡赫特山也。"　③沙陵，《五藏山经传》卷四："减水所经。"　④湣（mǐn）泽，《五藏山经传》卷四："即湖水。"　⑤钦，参见西4-13注⑥。　⑥轮，音líng。

【译文】《东次二经》一组，第一座山是空桑山，北面靠近食水，东面是沮吴，南面是沙陵，西面是湣泽。有一种兽，形状像牛，有虎的斑文，叫声像打呵欠，名叫轮轮，它的名字是据自己的叫声得来的，它的出现预示着天下将发大水。

东2-2又南六百里,曰曹夕之山①,其下多谷②而无水,多鸟兽。

【注释】①曹夕之山,《五藏山经传》卷四:"山在姑儿之西。姑儿水又象蜂形,西乡,故名曹夕。(曹,蜂房也。)" ②谷,参见南1-1注⑦。

【译文】再往南六百里,叫曹夕山,山下有许多榖树,但没有水,有许多鸟兽。

东2-3又西南四百里,曰峄皋之山①,其上多金玉,其下多白垩②,峄皋之水出焉,东流注于激女之水③,其中多蜃珧④。

【注释】①峄(yì)皋之山,《五藏山经传》卷四:"山属者曰峄,沮涂曰皋。即长白山,北与费德里相属,图门源出其东麓,东北流会布尔哈图河入海。" ②白垩,参见西2-10注②。 ③激女之水,《五藏山经传》卷四:"激女之水即激水也。" ④蜃,大蛤蜊。珧(yáo),郝懿行曰:"《尔雅》云:'蜃小者珧。'郭注云:'珧,玉珧,即小蚌也。'"

【译文】再往西南四百里,叫峄皋山,山上多产金、玉,山下多产白垩,峄皋水在这里发源,向东流注入激女水,水中有许多蜃和珧。

东2-4又南水行五百里,流沙三百里①,至于葛山之尾,无草木,多砥砺②。

【注释】①"又南"两句,《五藏山经传》卷四:"五百里,自绥芬口沿海西南行又西北溯图门江至浑春河口也;流沙,水中多沙也;三百里,布尔哈图河、海兰河会处也。" ②砥砺,参见西

4-19注⑦。

【译文】再往南沿水路走五百里,过流沙三百里,就到了葛山的尾端,这里没有草木,有许多砥砺。

东2-5 又南三百八十里,曰葛山之首①,无草木。澧水出焉,东流注于余泽,其中多珠蟞②鱼,其状如肺③而有目,六足有珠,其味酸甘,食之无疠。

【注释】①葛山之首,《五藏山经传》卷四:"长白山自小图门源分枝东北走,纡回二百馀里,亘海兰河南岸,是为葛山。其首则海兰东南源之巴颜河所出是也。"②蟞,音biē。 ③肺,同肺。

【译文】再往南三百八十里,叫葛山的首端,没有草木。澧水在这里发源,向东流注入余泽,水中有许多珠蟞鱼,形状像肺,有眼睛,有六只脚,体内有珠,味道酸中带甜,吃了它可以预防疫病。

珠蟞鱼

东2-6 又南三百八十里,曰㟃峨之山①,其上多梓、枏,其下多荆、芑②。杂余之水出焉,东流注于黄水③。有兽焉,其状如菟而鸟喙,鸱目蛇尾,见人则眠④,名曰犰狳⑤,其鸣自訆,见则螽⑥蝗为败。

【注释】①㟃峨之山,吕调阳校作"㟃我之山",《五藏山经传》卷四:"山在长白顶东南百里㟃,入朝鲜境,洪丹河出焉,东流北屈注图门江。侧首曰我,㟃,食已仍噍也。"参见南2-6注①。②荆芑,郝懿行曰:"《南山经》虖勺之山下多荆杞,此经作芑,

犰狳

同声假借字也；下文并同。"参见南2-14注③。 ③黄水，《五藏山经传》卷四："图门初出处若隐若见，凡数十里，盖水挟沙泥，故经以黄水目之。" ④见人则眠，郭璞曰："言佯死也。" ⑤犰狳（qiú yú），今指贫齿目犰狳科动物，这种动物生活在美洲，但和此处的描述十分相似，所以人们在翻译时用了这个名字。 ⑥螽（zhōng），蝗虫科和螽斯科部分昆虫的统称。

【译文】再往南三百八十里，叫馀峨山，山上有许多梓、枏，山下有许多荆棘、枸杞。杂余水在这里发源，向东流注入黄水。有一种兽，形状像兔子，长着鸟一样的嘴，眼睛像鹛鹰，尾巴像蛇，看见人就装死，名叫犰狳，它的名字是据自己的叫声得来的，它的出现预示着将有蝗灾出现。

东2-7又南三百里，曰杜父之山①，无草木，多水。

【注释】①杜父之山，《五藏山经传》卷四："山在绥芬河海口，河西小水十数源，东有海港北出，长五十里，广十馀里，象杜木。杜，赤棠也，其实酢涩，伐干接梨则饶美，故又曰甘棠。凡木本谓之杜也。父，众小一大之称。"

【译文】再往南三百里，叫杜父山，没有草木，多水。

东2-8又南三百里，曰耿山①，无草木，多水碧②，多大蛇。有兽焉，其状如狐而鱼翼，其名曰朱獳③，其鸣自訆，见则其国有恐。

【注释】①耿山，《五藏山经传》卷四："耿犹囧也。古作囧，亦作囧，目相眈视也。山在朝鲜之端川郡西北三十里，有二水南北相累乡并东南流，至利城县入海，象囧形。" ②水碧，郭璞曰："亦水玉类。"《石雅·琳琅》："《山海经》所称碧与青碧均别有所指，非水碧也，故于耿山独言多

朱獳

水碧，以别于碧与青碧也，古之水苍玉庶或近之。《山海经》：竹山，竹水出焉，北流注于渭，多苍玉；丹水出焉，东南流注于洛水，其中多水玉。明水玉与苍玉流分而源合也。"参见西2-4注②。③獳，音rú。

【译文】再往南三百里，叫耿山，没有草木，多产水碧，又有许多大蛇。有一种兽，形状像狐，又长有鱼鳍，名字叫朱獳，它的名字是据自己的叫声得来的，它一出现该国就会有恐慌。

东2-9 又南三百里，曰卢其之山①，无草木，多沙石。沙水出焉，南流注于涔水，其中多鹙②鹕，其状如鸳鸯而人足③，其鸣自訆，见则其国多土功。

【注释】①卢其之山，郝懿行曰："《太平御览》九百二十五卷引此经，卢其作宪期。"《五藏山经传》卷四："临津江即涔水，出铁原府西北八十馀里，东南流环曲西南似箕，其北一水即沙水南流入之，似宪。宪，县也。"参见南1-3注⑤。 ②鹙，音lí。 ③人足，郭璞曰："今鹈鹕足颇有似人脚形状也。"

【译文】再往南三百里，叫卢其山，没有草木，有许多

沙石。沙水在这里发源，向南流注入涔水，水中多鸄鹕，形状像鸳鸯，脚的形状像人脚，它的名字是据自己的叫声得来的，它的出现预示着该国要大兴土木。

鸄鹕

东2-10 又南三百八十里，曰姑射之山①，无草木，多水。

【注释】①姑射之山，《五藏山经传》卷四："襄阳府西有头蛇山，一水东流少南，经府南入海，其西北曰金刚山，一水西北流入秋池岭水，即北姑射水。西南曰张山，一水两源，西流少南，又西北入北姑射水，三水三面相直如投射，而张山水两源象剥麻剖其首之形，故总名曰姑射。"

【译文】再往南三百八十里，叫姑射山，山上没有草木，多水。

东2-11 又南水行三百里，流沙百里，曰北姑射之山①，无草木，多石。

【注释】①北姑射之山，《五藏山经传》卷四："山即淮阳府北秋池岭。"

【译文】再往南沿水路走三百里，过流沙一百里，就是北姑射山，山上没有草木，有许多石头。

东2-12 又南三百里，曰南姑射之山①，无草木，多水。

【注释】①南姑射之山，《五藏山经传》卷四："山在安东府北奉化城之东,一水二源,东流六十馀里至平海郡南入海。"

【译文】再往南三百里,叫南姑射山,山上没有草木,多水。

东2-13又南三百里,曰碧山①,无草木,多大蛇,多碧②、水玉。

【注释】①碧山,《五藏山经传》卷四:"当即永清湾西面之道安山。" ②碧,青碧之类,参见西3-15注②。

【译文】再往南三百里,叫碧山,山上没有草木,有许多大蛇,多产碧和水晶。

东2-14又南五百里,曰缑氏之山①,无草木,多金、玉。原水出焉,东流注于沙泽。

【注释】①缑(gōu)氏之山,《五藏山经传》卷四:"山在陕川郡东,有水东北流入瓠卢河东南注海。"

【译文】再往南五百里,叫缑氏山,山上没有草木,多产金、玉。原水在这里发源,向东流注入沙泽。

东2-15又南三百里,曰姑逢之山①,无草木,多金、玉。有兽焉,其状如狐而有翼,其音如鸿雁,其名曰獙獙②,见则天下大旱。

【注释】①姑逢之山,《五藏山经传》卷四:"乐安县北之无木山也。有水东南流,会北自南原府来之水,其水西一源,东二源,左右交流而南会无木山水,大形肖妇人后顾前指之状,故曰姑逢。" ②獙,音bì。

【译文】再往南三百里,叫姑逢山,山上没有草木,多产金、玉。有一种兽，形状像狐，但有翅膀，叫声像鸿雁，名字叫獙獙，它的出现预示着天下大旱。

东2-16 又南五百里，曰凫丽之山^①，其上多金、玉，其下多箴石。有兽焉，其状如狐，而九尾、九首、虎爪，名曰蠪侄^②，其音如婴儿，是食人。

蠪侄

【注释】① 凫丽之山，《五藏山经传》卷四："晋江出咸阳郡西，西南流环曲而东，受西北一小水，象凫尾接上屈，故名凫丽。丽，俪也。"② 蠪（lóng）侄，又作蠪蚳、蠪蛭。

【译文】再往南五百里，叫凫丽山，山上多产金、玉，山下多产箴石。有一种兽，形状像狐，有九条尾巴、九个头、虎一样的爪子，名字叫蠪侄，叫声像婴儿啼哭，会吃人。

东2-17 又南五百里，曰碈山^①，南临碈水^②，东望湖泽^③。有兽焉，其状如马，而羊目、四角、牛尾，其音如獠狗，其名曰峳峳^④，见则其国多狡客^⑤。有鸟焉，其状如凫^⑥而鼠尾，善登木，其名曰絜^⑦钩，见则其国多疫。

【注释】① 碈（zhēn）山，《五藏山经传》卷四："朝鲜西南海中之珍岛也。有珍岛郡城。" ② 碈水，《五藏山经传》卷四："郡南有南桃浦，盖即碈水。碈，婴石也。" ③ 湖泽，《五藏山经传》卷四："岛之东为灵岩郡河口，有曲渚及大浅滩，所谓湖泽。"④ 峳，音yóu。 ⑤ 狡，狡猾。 ⑥ 凫，野鸭。 ⑦ 絜，音xié。

【译文】再往南五百里，叫硬山，南面紧挨着硬水，东面是湖泽。有一种兽，形状像马，眼睛像羊、四个角、尾巴像牛，叫声像獋狗，名字叫袯袯，它的出现预示着该国会出很多狡猾的人。有一种鸟，形状像野鸭，尾巴像老鼠，善于爬树，名字叫絜钩，它的出现预示着该国会疫病流行。

袯袯

凡东次二经之首，自空桑之山至于硬山，凡十七山，六千六百四十里。其神状皆兽身人面载觡①。其祠：毛用一鸡祈，婴②用一璧瘗。

【注释】①觡（gé），郭璞曰："麋、鹿属角为觡。" ②婴，此处的"婴"无法用上文"环绕陈列"来解释，有人怀疑"婴"是一种祭礼的名称，但苦于无据，故不译出，下同。

【译文】《东次二经》一组，从空桑山到硬山，一共十七座山，六千六百四十里。山神的形状都是兽身人面，头上有鹿角。祭祀的礼仪为：毛物用一只鸡祈祷，婴用一块璧埋入土中。

絜钩

东次三经

【题解】《五藏山经传》卷四："此经所志，自今鸭绿江海口南讫朝鲜南境，西尽少海诸山也。"

^{东3-1} 又东次三经之首，曰尸胡之山^①，北望䍃山^②，其上多金、玉，其下多棘。有兽焉，其状如麋而鱼目，名曰妴^③胡，其鸣自訆。

【注释】①尸胡之山，《五藏山经传》卷四："海口东北，其水西流，数折南入于海，象卧尸胀大之形，故名尸胡。" ②䍃（xiáng），同"䍃"。䍃山，《五藏山经传》卷四："瑗河自辽阳州东之瑗阳门北、分水岭南合数水来入，象死羊在负，其首反垂之形，故曰䍃山。" ③棘，参见北1-20注②。④妴，音wǎn。

蠸侄

【译文】《东次三经》一组，第一座山叫尸胡山，北面是䍃山，山上多产金、玉，山下有许多棘。有一种兽，形状像麋，长着鱼的眼睛,名字叫婴胡,它的名字是据自己的叫声得来的。

东3-2 又南水行八百里,曰岐山①,其木多桃李,其兽
多虎。

【注释】①岐山,《五藏山经传》卷四:"白翎三岛也。北距
床山四十里,西距山东之成山三百六十里。"

【译文】再往南沿水路走八百里,叫岐山,那里树木多
桃、李,兽类多虎。

东3-3 又南水行五百里,曰诸钩之山①,无草木,多沙
石。是山也,广员百里,多寐鱼②。

【注释】①诸钩之山,《五藏山经传》卷四:"泰山城南要儿
梁也。" ②寐鱼,郭璞曰:"即鲧鱼。"郝懿行曰"今未详"。今人
多认为指鲤科动物墨头鱼或卷口鱼,但这两种鱼一在我国西南,一
在东南沿海,又与吕调阳所说的地理定位不合。

【译文】再往南沿水路走五百里,叫诸钩山,山上没有
草木,有许多沙石。这座山方圆一百里,有许多寐鱼。

东3-4 又南水行七百里,曰中父之山①,无草木,多
沙。

【注释】①中父之山,《五藏山经传》卷四:"朝鲜西南小岛
也,去海约二百里。"

【译文】再往南沿水路走七百里,叫中父山,山上没有
草木,有许多沙。

东3-5 又东水行千里,曰胡射之山①,无草木,多沙

石。

【注释】①胡射之山，吕调阳校作"湖射之山"，《五藏山经传》卷四："朝鲜东南隅加德岛也。其东北晋江水东南注海，前阻绝影岛澳渚洄流，常西南注，故曰湖射。"

【译文】再往东沿水路走一千里，叫胡射山，山上没有草木，有许多沙石。

东3-6 又南水行七百里，曰孟子之山①，其木多梓、桐，多桃、李，其草多菌蒲，其兽多麋、鹿。是山也，广员百里。其上有水出焉，名曰碧阳，其中多鳣、鲔②。

【注释】①孟子之山，《五藏山经传》卷四："尸胡南、岐山北也。今为床山。大岛北际海岸向西突出，象孟。孟者，阴壮大也。" ②鳣鲔，郭璞曰："鲔即鳣

鳣

也，似鳣而长鼻，体无鳞甲，别名鮥鳣，一名鮥也。"鳣、鲔都指鲟科鱼类，我国主要有鲟鱼、鳇鱼和白鲟等。

【译文】再往南沿水路走七百里，叫孟子山，树木多梓树和桐树，又有许多桃、李，草多菌蒲，兽类多麋、鹿。这座山方圆一百里。山上有水在这里发源，名叫碧阳，水中有许多鳣、鲔。

东3-7 又南水行五百里，曰流沙①，行五百里，有山焉，曰跂踵之山，广员二百里，无草木，有大蛇，其上多玉。有水焉，广员四十里皆涌②，其名曰深泽③，其中多蠵龟④。有鱼焉，其状如鲤，而六足鸟尾，名曰鮯鮯⑤之鱼，

其名自叫。

【注释】①流沙,《五藏山经传》卷四:"流沙在要儿梁西北,长四十里,沙之北尾之东即唐津江入海之口也。自南尾向南行,经梁西又东南达向江口约二百馀里,溯江东行,曲折东北约三百里,至珍岑城北,城南即跂踵山。" ②"有水"两句,郭璞曰:"今河东汾阴县有瀵水,源在地底,溃沸涌出,其深无限,即此类也。" ③深泽,《五藏山经传》卷四:"山之南为连山县,山西有泥山城,有小水西入向江,即深泽。" ④蟹(xī),郭璞曰:"蟹,觜蟹,大龟也,甲有文彩,似瑇瑁而薄。" ⑤鮯,音gé。

【译文】再往南沿水路走五百里是流沙,再走五百里,有一座山,名叫跂踵山,方圆二百里,没有草木,有大蛇,山上多产玉。有水在方圆四十里的范围内从地下涌出,名叫深泽,水中多蟹龟。有一种鱼,形状像鲤鱼,有六只脚和鸟一样的尾巴,名叫鮯鮯鱼,它的名字是据自己的叫声得来的。

东3-8 又南水行九百里,曰踇隅之山①,其上多草木,多金玉,多赭②。有兽焉,其状如牛而马尾,名曰精精,其鸣自叫。

【注释】①踇(mǔ)隅之山,吕调阳校作"踇禺之山",《五藏山经传》卷四:"尸胡南也。荣城以东海岸参差象狒狒迅走踵反,故曰踇禺。" ②赭,参见北2-2注③。

【译文】再往南沿水路走九百里,叫踇隅山,山上有许多草木,多产金、玉,又有许多赭。有一种兽,形状像牛、尾巴像马,名叫精精,它的名字是据自己的叫声得来的。

东3-9 又南水行五百里,流沙三百里,至于无皋之

山①，南望幼海，东望榑木②，无草木，多风。是山也，广
员百里。

【注释】①无皋之山，《五藏山经传》卷四："今自鸭绿江
口循海西南百八十馀里得沙河口，又五十里大庄河合沙河来入，
又百四十里经水口四至大沙河口，又三十里至澄沙河口，此二百
馀里中海中小岛十有九傍岸，皆沙浅，又百三十里讫旅顺城曰无
皋之山，即《北次三经》云'鸡号之山'也。无皋，小儿号乳也，
象形。"参见北3-47注②。　②榑（fú）木，吕调阳校作"搏叒"，
《五藏山经传》卷四："搏通扶，叒，古女字，扶叒即扶馀也，今朝
鲜之扶馀县，水自锦山城南两源合，北流受左右二水，经跂踵山之
东环流而西而西北，受东北三源，合流西来之乌岭水，又西北屈而
西南经县北，西合跂踵山水入海，自县以东水形象女子夭曲扶倚
之状，故因以名洲。其水亦象日出渐上，故自古讹传扶叒为日出处
也。桑名若木，从叒，以猗傩象女子也。战国以后人不识叒字，相沿
读为桑，遂有日出扶桑之说矣。"

【译文】再往南沿水路走五百里，再过流沙三百里，就
到了无皋山，它南面是幼海，东面是榑木，没有草木，多风。
这座山方圆一百里。

凡东次三经之首，自尸胡之山至于无皋之山，凡九
山，六千九百里。其神状皆人身而羊角。其祠：用一牡
羊，米用黍。是神也，见则风雨水为败。

【译文】《东次三经》一组，从尸胡山到无皋山，一共
九座山，六千九百里。山神的形状都是人身羊角。祭祀的礼
仪为：用一头公羊，米用黍米。这种山神一旦现身，风雨水患
将会造成灾害。

东次四经

【题解】《五藏山经传》卷四："此经所志,今小辽河以南、鸭绿江以西诸山也。"

东4-1 又东次四经之首,曰北号之山①,临于北海。有木焉,其状如杨,赤华,其实如枣而无核,其味酸甘,食之不疟。食水出焉,而东北流注于海。有兽焉,其状如狼,赤首鼠目,其音如豚,名曰猲狙②,是食人。有鸟焉,其状如鸡而白首,鼠足而虎爪,其名曰鬿③雀,亦食人。

【注释】①北号之山,《五藏山经传》卷四："北号在开原县东北二百里,为小辽河东源之大小雅哈河所出山,西自兴安岭循辽河北岸来折而南为此山,自北而南正支尽于鸭绿江口,其分支自松花西源东走,为东源所出之长白顶,又北为呼拉哈源,又东为乌苏里源,水皆北流下山,总曰北号。"

猲狙

狙雀

②猲狙，音gé jū。　③狙，音qí。

【译文】《东次四经》一组，第一座山叫北号山，紧挨着北海。有一种树，形状像杨树，花是红色的，果实像枣，但没有核，味道酸中带甜，吃了可以预防疟疾。食水在这里发源，向东北流注入大海。有一种兽，形状像狼，红色的头，老鼠一样的眼睛，叫声像猪，名叫猲狙，会吃人。有一种鸟，形状像鸡，头是白色的，老鼠一样的脚上生有虎爪，名字叫狙雀，也会吃人。

东4-2 又南三百里，曰旄山①，无草木。苍体之水出焉，而西流注于展水。其中多鳛②鱼，其状如鲤而大首，食者不疣③。

【注释】①旄山，《五藏山经传》卷四："鸭绿江上游北岸自三道沟以东小水十，南岸小水五，象旄形，亦象苍木不去其枝之形，体犹支也。山即三道沟所出之斐德里山，其水南入鸭绿而西南与佟家江会，即展水。"　②鳛（qiū），同鳅，即泥鳅。　③疣，参见北1-2注⑥。

【译文】再往南三百里，叫旄山，没有草木。苍体水在这里发源，向西流注入展水。水中有许多鳛鱼，它的形状像鲤鱼，但头很大，吃了可以不长疣子。

东4-3 又南三百二十里，曰东始之山①，上多苍玉②。

有木焉，其状如杨而赤理，其汁如血，不实，其名曰芑，可以服马③。泚水出焉，而东北流注于海，其中多美贝，多𩽹鱼，其状如鲋④，一首而十身，其臭如蘪芜⑤，食之不糟⑥。

𩽹鱼

【注释】①东始之山，《五藏山经传》卷四："山即松花西源柳沟河所出，兴安支干东行之始也。" ②苍玉，参见西1-8注⑦。③可以服马，郭璞曰："以汁涂之，则马调良。" ④鲋，参见南3-9注④。 ⑤蘪芜即蔓芜，参见西1-9注⑤。 ⑥糟，汪绂曰："古屁字，气下泄也。"

【译文】再往南三百二十里，叫东始山，山上多产苍玉。有一种树，形状像杨树而有红色纹理，树的汁液像血，不结果实，名字叫芑，涂了可以使马驯服。泚水在这里发源，向东北流注入大海，水中有许多美贝，又有许多𩽹鱼，形状像鲋，一个头十个身体，气味像蘪芜，吃了可以不放屁。

东4-4 又东南三百里，曰女烝之山①，其上无草木。石膏水出焉，而西注于鬲水②，其中多薄鱼，其状如鳝鱼③而一目，其音如欧④，见则天下大旱。

【注释】①女烝之山，《五藏山经传》卷四："山盖在鸭绿江东岸朝鲜张杰城之东，有水西流合东南水而西注江，亦象女子夭侧形而前临鬲水，故曰女烝。" ②鬲水，《五藏山经传》卷四："鸭绿自栗子沟以南、佟家自玛察河口以南，两江左右环合，象鬲形也。" ③鳝鱼，参见东3-6注②。 ④其音如欧，郭璞曰："如人呕吐声也。"

薄鱼

【译文】再往东南三百里，叫女烝山，山上没有草木。石膏水在这里发源，向西流注入鬲水，水中有许多薄鱼，形状像鳣鱼，但只有一只眼，叫声像人呕吐，它的出现意味着天下大旱。

东4-5 又东南二百里，曰钦山①，多金、玉而无石。师水②出焉，而北流注于皋泽③，其中多鳡鱼④，多文贝⑤。有兽焉，其状如豚而有牙，其名曰当康，其鸣自叫，见则天下大穰。

【注释】①钦山，《五藏山经传》卷四："山在辽阳州东麟厂门内之西南，为哈什玛河所出。钦，吟也。" ②师水，《五藏山经传》卷四："师，瞽师也。麟厂门河自东南导源，少东北流，折西北会南二水及哈什河，象鼓琴推其指之状。" ③皋泽，《五藏山经传》卷四："皋泽即泰泽，河水浑流，所潴多涂也。" ④鳡鱼，参见东4-2注②。 ⑤文贝，参见西3-16注②。

【译文】再往东南二百里，叫钦山，山上多产金、玉，但没有石头。师水在这里发源，向北流注入皋泽。水中有许多鳡鱼，许多文贝。有一种兽，形状像猪，有牙，名叫当康，它的名字是据自

当康

己的叫声得来的，它的出现预示着天下大丰收。

东4-6 又东南二百里，曰子桐之山①，子桐之水出焉，而西流注于馀如之泽。其中多鱼鱼，其状如鱼而鸟翼，出入有光，其音如鸳鸯，见则天下大旱。

【注释】①子桐之山，吕调阳校作"辛桐之山"，《五藏山经传》卷四："辛梓通。梓桐，琴材也，因钦山为义。山为礹河东源所导，西南会分水岭水而西南而东南入鸭绿江注海，海自口南东曲为大渚谓之馀如之泽也。"

【译文】再往东南二百里，叫子桐山，子桐水在这里发源，向西流注入馀如泽。水中有许多鱼鱼，形状像鱼，有鸟一样的翅膀，行动时会发光，叫声像鸳鸯，它的出现预示着天下大旱。

东4-7 又东北二百里，曰峣山①，多金、玉。有兽焉，其状如夒而人面，黄身而赤尾，其名曰合窳，其音如婴儿。是兽也，食人，亦食虫蛇，见则天下大水。

【注释】①峣山，《五藏山经传》卷四："今山在哈达河，南岸尽峰也，北岸即哈达城，并因山为名。"

【译文】再往东北二百里，叫峣山，山上多产金、玉。有一种兽，形状像野猪，面孔像人，身体是黄色的，尾巴是红色的，名字叫合窳，叫声像婴儿啼哭。这种兽吃人，也吃蛇，它的出现预示着

合窳

天下将发大水。

东4-8 又东二百里,曰太山①,上多金、玉、桢木②。有兽焉,其状如牛而白首,一目而蛇尾,其名曰蜚③,行水则竭,行草则死,见则天下大疫。钩水出焉,而北流注于劳水,其中多鳝鱼④。

【注释】①太山,《五藏山经传》卷四:"山为小潦西源,库鲁河所出,北会赫尔苏河、雅哈河,屈西南注潦水,象钩形。"②桢木,郭璞曰:"女桢也,叶冬不凋。"即木犀科植物女贞。③蜚,音fèi。④鳝鱼,参见东4-2注②。

【译文】再往东二百里,叫太山,山上多产金、玉和桢木。有一种兽,形状像牛,头是白色的,一只眼睛,尾巴像蛇,名字叫蜚,走到水里水就干涸,走到草上草就枯死,它的出现预示着天下会有大瘟疫流行。钩水在这里发源,向北流注入劳水,水中有许多鳝鱼。

凡东次四经之首,自北号之山至于太山,凡八山,一千七百二十里。

【译文】《东次四经》一组,从北号山到太山,一共八座山,一千七百二十里。

右东经之山志,凡四十六山,万八千八百六十里。

【译文】以上是《东山经》的内容,一共四十六座山,一万八千八百六十里。